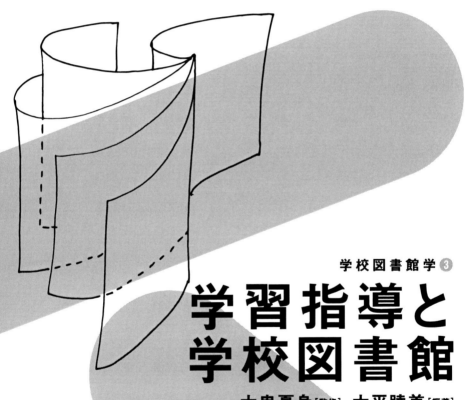

学校図書館学 ③

学習指導と
学校図書館

大串夏身［監修］ 大平睦美［編著］

青弓社

学習指導と学校図書館　目次

装丁──Malpu Design［清水良洋］

はじめに

　社会の変化の加速が激しい現在、教育にも大きな変化が求められています。というのも、教育によって未来の社会が創られると考えられるからです。そのため、教育に関する社会的関心は高く、マスメディアなどでも大きく取り上げられることが多いのです。国内では大学入試改革による外部試験の導入見送りや記述問題に関する制度の見直し、また学習指導要領の改訂に伴って、小学校でのプログラム教育導入や英語教育に関する学校現場の取り組みなどに加え、国際的な課題として、OECD（経済協力開発機構）による生徒の学習到達度調査（PISA）の結果、日本の義務教育終了段階の15歳児の読解力の低下などが記憶に新しいでしょう。

　学校教育は不易流行であると考えます。学習指導と学校図書館も学校教育であるため同様でしょう。学校図書館は情報を扱う場です。情報の形や伝達方法は時代によって異なりますが、多様な情報の活用によって、児童・生徒が自主的な自律した学習者となることはいずれの時代でも求められてきました。

　学校教育のなかで、学校図書館は教育課程の展開に寄与し、児童・生徒が資料や情報を活用しながら問題を解決し、自主的な自律した学習者となるよう支援すること、学校図書館を活用した授業では「自分で問題を発見する力」「自分で問題を調べて解決する力」を育成すること、さらに授業を担当する教員を支援することなどは、学習指導要領改訂以前から求められてきたことです。学校教育で、学校図書館と司書教諭の意義と役割については、これまでも学校現場で多くの教員が考え、その実現のために創意工夫を重ねてきました。

　本書では、学校教育のなかで重要な位置を占める学習指導、授業改善を実行し、学校現場で多くの実践を積み重ねてきた教員、教員経験者が、自らの実践や、その後の研究をもとに執筆しています。彼ら彼女らは、学校図書館自体の活用ではなく、学習指導で必要な情報を活用するために、自ら授業改善を試み、授業スタイルを変化させながら学校図書館を活用した授業を展開しています。

また教育政策や教育制度だけでなく、教員の世代交代が進むなか、これまで教育現場で培われてきた教育技術や方法を次世代に伝えることが困難になっています。教育は社会とともに変化しますが、教育の本質はいつの時代も変わらず、主体になるのは、学習者である児童・生徒です。司書教諭や学校司書に限らず、現在もこれからも学校教育に関わるすべての人たちに、本書で示した先達の英知を、今後の学校教育に生かしていただければ幸いです。

　また本書は、学校連携講座（ライブラリーアカデミー、2014—18年）をもとに執筆しました。私たちが出会う機会を作ってくださった高山正也先生に感謝いたします。

第1章　変化する社会での教育活動の発展と学校図書館

大平睦美

それぞれの人間は直接に得た確かな知識に基づいてではなくて、自分で作り上げたイメージ、もしくは与えられたイメージに基づいて物事を行っていることを想定しなくてはならない。[(1)]

はじめに

　先日、中国に出かけた友人から、「北京では電気自動車が主であり、ガソリン車はほとんど走っていない」と聞きました。これまでは排気ガスが充満する北京の空を想像していたかもしれませんが、いまでは違っているようです。北京ではガソリン車に重税を課しているため、車を所持する人が、ガソリン車よりも税金が優遇されている電気自動車に乗り換えた結果、排気ガスの排出量は大幅に減少しました。人間がもつイメージというものは必ずしも正確ではありません。

　学校図書館についても同様です。日本には学校図書館法があり、すべての学校には学校図書館が設置されています。国際的に見ると学校図書館法が存在する国はまれであり、すべての学校に学校図書館がある国はほとんどありません。また、情報機器や自動車産業など日本は高度な技術をもち、日本製品は国内外で多くの人々から信頼されています。それでは、その日本がもつ高度な技術は学校に導入され、教育に活用されているのでしょうか。

　最近、インドネシアやマレーシアの学校図書館を見学する機会がありました。日本と比較すると発展途上の国ではありますが、学校教育に情報機器などは早くから導入されていました。日本は教育レベルが高く、長年培った教育の伝統がありますが、発展途上の国々は新しい教育を取り入れることに熱

心で、柔軟です。シンガポールや香港、上海、韓国などでは日本以上に教育現場でのICT（情報通信技術）の活用が盛んであることはよく知られています。それらの国や地域だけではなく、インドネシアやマレーシアでも、学校教育でのICT活用が盛んであり、学校図書館に積極的にICTを導入しています。対して日本では、インターネットに接続して検索できる学校図書館は約24%です。⁽²⁾

人間はイメージに基づいて物事をおこなうことが多いものです。学校図書館に対してもつイメージも、これまでに利用した経験などにより各人で異なります。もし学校図書館のイメージが「読書する場所」であれば、そのイメージを変える必要があるでしょう。学校図書館は、「読書する場所」であると同様に「学習する場所」であり、「情報を得る場所」でもあります。本書では主に学習指導と学校図書館の活用について、多くの実践例を用いて示しています。

学校図書館では、教科学習に限らず、学習した内容をさらに深めるためや、漠然と理解した気持ちになっているものを明確にするための、資料や情報を得ることができます。

先の北京の例のように、時とともに社会は変化します。教育政策や学校、学校図書館も社会とともに変化しています。これからの社会を形成する児童・生徒に対して、学校図書館の活用の可能性が広がることを期待します。

1　学校教育と学校図書館

1-1　教科書と学習指導要領

学校図書館法は1953年に制定されました。戦後、人々が多様な情報を得、自由な思想をもてるように、当時アメリカの教育現場で取り入れられていた図書館教育を、日本の現状に合わせたかたちにして制定されました。当時、教員の不足に加え、司書教諭の資格をもつ教員も限られていたため、「当分の間、司書教諭を置かなくてもよい」とされました（のちに改正されました）。

学校図書館法の制定と前後しますが、1947年に学校教育法が制定されると、教科書の検定制度を採用し、すべての児童・生徒は検定済みの教科書を使って学習することになりました。そして58年の学校教育法施行規則の一

部改正によって、学習指導要領を教育課程の基準（学校教育の上限）として扱うようになったことで、現在の学習指導要領と教科書を中心とした学校教育制度が形作られました。当時の学習指導要領では、学校図書館の利用は総則「機材・器具の扱い」に含まれていました。以後、学習指導要領はほぼ10年ごとに、検定教科書は4年ごとに、社会の変化に応じて改訂されています。

1-2　授業で活用できる学校図書館へ

　1997年に学校図書館法が改正され、2003年4月1日から、12学級以上の学校に司書教諭が発令されました。

　1998年の学習指導要領の改訂では、総則に「学校図書館の計画的な活用」が記されました。また、教科横断型の科目として「総合的な学習の時間」が新たに設置されました。2003年には、さらに学習指導要領が一部改正されました。この背景には、OECD（経済協力開発機構）によるPISA（生徒の学習到達度調査）や、国内の全国学力・学習状況調査の結果などから、日本の児童・生徒の学力低下が社会的な関心事になったことがあります。そこで、学習指導要領が学校での学習の基準であるという基準性が明確にされ、「内容の取り扱い」では、学習指導要領に示されていない内容を指導することも可能になりました。

　それによって、これまでの学習指導要領と教科書を中心とした授業から、多様な資料を使った展開的な学習へと変化していきました。

1-3　21世紀に生きる子どもたちに求められる力

　1990年代後半から、インターネットに接続する情報機器の発達によって、瞬時に世界中とつながることが可能な社会になりました。それによって瞬時に国内外の情報を得られるために、社会はグローバル化し、社会の仕組みが変化しました。そのなかで学校は、児童・生徒が教わったことを暗記することを中心にした学習ではなく、これから遭遇する多くの課題に対する答えを自分で探せるように、主体的な学習の姿勢を身につける場になることが期待されます。学校は、これまでの「教える」から、児童・生徒間、児童・生徒と教員が互いに学ぶ組織へと変化する必要があるのです。学校図書館は学校図書館法第2条「これを児童又は生徒及び教員の利用に供することによつて、

学校の教育課程の展開に寄与するとともに、児童又は生徒の健全な教養を育成することを目的として設けられる学校の設備をいう[(3)]」にあるとおり、21世紀に生きる子どもたちに求められる力を育成する設備にならなければなりません。

1-4 学習指導と学校図書館

　前出の学校図書館法第2条には、その目的を「学校の教育課程の展開に寄与する」「児童又は生徒の健全な教養を育成すること」と示しています。これらの目的は分けて考えられるものではありませんが、学校図書館と学習指導は、「学校の教育課程の展開に寄与する」必要があります。学校図書館が教育課程の展開に寄与する方法には、主に資料の提供と利用指導があげられます。

①資料提供

　学校図書館の資料は図書を中心とした印刷資料が大部分を占めていますが、教材になる資料はインターネット上の情報などの非印刷資料や実物の博物資料などを含みます。学校図書館は読書のための資料と同時に、教材、学習材、課題の解決や発展のための資料を提供する存在です。

　教育の3要素は、学習者、教育者、教材です。学校教育にとって重要なのは、学ぶ人（学習者）である児童・生徒と教える人（教育者）である教員です。学校図書館は学習者や教育者の学習のための資料を提供し、それらの教材をもとに授業内容を改善し、学習者の学びを深めることで、教育課程の展開に寄与します。

②利用指導

　学校図書館の資料を有効に活用するには、そのための利用方法を知らなければなりません。学校図書館は児童・生徒の問いに対して、答えを教える場ではなく、児童・生徒自らが答えを見つけ出す場です。資料配列や検索方法など図書館のルールやインターネット上の情報の選択方法など、図書館を活用することで児童・生徒や教員の情報活用能力を高めます。

　また、学校図書館は学校の教育課程の展開に寄与するとともに、児童・生徒が社会へ出たあとも学び続けられる施設として、公共図書館や大学図書館

を活用するためのスキルを学習し、生涯学習者を育成する場でもあります。

1-5 課題と展望

　先に述べたように、わが国では学校図書館は読書を中心に活用されてきましたが、学習指導要領の改訂などから、今後は学習指導に有用な資料の収集や利用指導が期待されます。

　2014年に学校図書館法が改正され、各自治体では司書教諭の発令に加え、学校司書の配置も増加しています。しかし、司書教諭の発令は11学級以下の学校では猶予されているため、11学級以下の学校の98％を占める小規模な学校での発令率はいまだ30％にすぎません。また、司書教諭は担任や教科担当と職務を兼ねていて、発令を受けても図書館での活動時間の確保が困難なため、学校図書館を活用できていない学校も少なくありません。

　学校司書の配置も自治体によって異なることから、学校規模によって格差が生じています。学校図書館資料の有効活用や利用指導など、学習指導に関わる活動は人の配置されているところにかたよっているのが現状です。今後、少子化や都市部への人口移動によって、地方での小規模校が増加することは避けられません。そこで、都市部の12学級以上の学校と地方の11学級以下の学校との間に教育の格差を生じさせないような取り組みが必要です。

　今後の展開としては、学校図書館は ICT や IoT（Internet of Things）、AI（人工知能）などを積極的に取り入れ、学校の規模や人の配置によって格差が生じることがないシステムの構築に向かうことが期待されます。

注

(1) W・リップマン『世論』上、掛川トミ子訳（「岩波文庫」）、岩波書店、1987年、42ページ
(2) 文部科学省児童生徒課「平成28年度「学校図書館の現状に関する調査」結果について（概要）」文部科学省児童生徒課、2016年、10ページ（http://www.mext.go.jp/a_menu/shotou/dokusho/link/__icsFiles/afieldfile/2016/10/13/1378073_01.pdf）［2019年10月12日アクセス］
(3) 「学校図書館法（昭和28年法律第185号）第2条」（http://elaws.e-gov.go.jp/search/elawsSearch/elaws_search/lsg0500/detail?lawId=328AC1000000185）

［2019年10月12日アクセス］

第2章　教科学習と学校図書館

田上恭史

1　学習指導要領と学校図書館総則の変遷

　2018年に改訂された新学習指導要領の全面実施を20年度に迎えるにあた り、先行実施、そして移行措置が取られています。新学習指導要領はこれま でに比べて、かなり多方面にわたって念入りな改訂がなされています。また、 学校図書館の活用が一層求められ、授業改善に生かしていくことが求められ ています。ここで改めて、これまでの学習指導要領と学校図書館の位置づけ を押さえておくことにします。そうすることによって、学習指導要領で学校 図書館の現在の位置づけが、より深く具体的なものとして理解できると思い ます。

　学習指導要領は、1947年と51年に試案が出され、58年からほぼ10年ごと に改訂されています。以後、改訂ごとの特徴を概説します。

1-1　1958年改訂

　学習指導要領の性格を「教育課程の基準としての性格の明瞭化」と位置づ け、この年以後、学習指導要領は文部省告示として法的拘束力を有するよう になりました。内容としては「道徳」を新たに設けたほか、学習指導要領は 基礎学力の習得を目指す教科カリキュラム的性格へと変更されました。

　この改訂で、初めて学校図書館が総則のなかに明確に位置づけられました。 総則は学習指導要領全体を総括するものですから、各教科などでも学校図書 館の利用を促すことにつながりました。総則には「学校図書館の資料や視聴 覚教材等については、これを精選して活用するようにすること」と記され、 読書センターとしての機能に加え、教材センターとしての側面をより強く明

示しました。

1-2　1968 年改訂

「教育内容の一層の向上、内容の現代化」を目指し、教育内容、授業時間数ともにこれまでと比較すると多くなりました。総則には「教科書その他の教材・教具を活用し、学校図書館を計画的に利用すること」と記されました。これを受けて、小学校特別活動の「学級指導」の指導内容に、「学級指導においては、学校給食、保健指導、安全指導、学校図書館の利用指導その他、学級を中心として指導する教育活動を適宜行なうものとする」として、学校図書館の利用指導が明確に位置づけられ、より計画的な利用を求めることができるようになりました。

1-3　1977 年改訂

「ゆとりある充実した学校生活の実現」を目指すことになり、「ゆとりの時間（学校裁量時間）」が新設されました。この学習指導要領以後に学んだ世代が「ゆとり世代」といわれるようになります。総則には「視聴覚教材などの教材、教具や学校図書館を計画的に利用する」と記され、前回改訂時に削除されていた「視聴覚教材」が復活しました。当時の学校には、現在のようにコンパクトではありませんが、ビデオカメラ、ビデオデッキ、あるいは16ミリの投映機、レコードプレーヤー、テープレコーダーなどを情報メディアとして配置して、録画・録音資料などの視聴覚教材を利用していました。これらの情報メディアを学校図書館あるいは音楽室に置いたり、あるいは視聴覚室を新たに設けて利用したりするようになりました。蛇足ですが、幻燈機などの視聴覚機器や教材は明治の半ばから後期にかけて導入されています。この改訂時に中学校の特別活動の「C　学級指導学業生活の充実に関すること」に「学校図書館の利用の方法などを取り上げること」として、中学校でも学校図書館の利用指導が明確に位置づけられました。

1-4　1989 年改訂

「新しい学力観」が出されました。「新しい学力観」とは「自ら学ぶ意欲や、思考力、判断力、表現力などを学力の基本とする学力観」であると、文部省は指導資料のなかで説明しています。また、小学校低学年で「生活科」を新

設し、高校の「社会科」は、「地理歴史科」と「公民科」に分割されました。同じく「家庭科」は男女必修になるなどの大きな変更がありました。中学校では「習熟度別指導」が導入されました。入学式・卒業式などでの国旗・国歌の取り扱いを明確化したのもこのときでした。総則には「視聴覚教材や教育機器などの教材・教具の適切な活用を図るとともに、学校図書館を計画的に利用しその機能の活用に努めること」と記され、学校図書館の「機能」の活用が強調されました。これは「新しい学力観」を目指すために、学校図書館の「情報センター」「資料センター」としての機能面をより積極的・計画的に活用せよということであり、その後の学習指導要領に引き継がれていくことになりました。

1-5　1998・99年改訂

新しい学力観をより明確にするために「生きる力」が強調され、使われるようになりました。「生きる力」とは、第15期中央教育審議会が第1次答申（1996年7月）で提言したものです。この答申では、「生きる力」とは「自分で課題を見つけ、自ら学び、自ら考え、主体的に判断し、行動し、よりよく問題を解決する能力であり」、「自らを律しつつ、他人とともに協調し、他人を思いやる心や感動する心など、豊かな人間性」であり、「たくましく生きるための健康や体力が不可欠である」と説明しています。また、このとき完全週休2日制を実施し、授業時数の削減と教育内容の厳選をおこないました。小学3年生以上に「総合的な学習の時間」を新設、中・高の「特別活動」から「クラブ活動」を廃止し、高校では「情報」を新設し、必修になりました。

2003年に一部改正がおこなわれ、学習指導要領は学習内容の最低基準となり、「習熟の程度に応じた指導」「個に応じた指導」をおこなうようになりました。総則では、「学校図書館を計画的に利用しその機能の活用を図り、児童（生徒）の主体的、意欲的な学習活動や読書活動を充実すること」とあります。1988年に千葉県の高等学校から始まった「朝の読書運動」が広まりを見せているなか、各種読書調査結果では児童・生徒の読書量の低下に歯止めがかかっていないことがはっきりと出ていて、この現実が、総則での学校図書館の内容変更の背景にあることを、ここでは押さえておきます。

1-6　2008・09年改訂

　教育基本法の改正をふまえたものになりました。「生きる力」という理念を継承しながらも、「ゆとり」から「学力重視」へと方針転換し、「基礎的・基本的な知識・技能の習得」「思考力・判断力・表現力等の育成」を目指すことになりました。総則での学校図書館に関する記述は前回改訂時のものを引き継ぎます。小・中・高の教科書では、学校図書館の利用指導や情報メディアを利用した探究的な学習につながる単元を設けて、図書館の利用指導を扱うコラムも増えました。その具体例を2件示します。

　「きみたちは『図書館たんていだん』」(小2)では、「図書館や本の分類について知り、本を探すことができる」ことがねらいの一つとして取り上げられました。また、「わたしたちの『図書館改造』提案」(小5)では提案書を書くという目的で、学校図書館そのものを対象として、「学校図書館の良さを調べながら、その機能をより充実させるための提案を児童に考えさせる」単元が設定されました。

1-7　2018年改訂

　2020年度から順次実施される次期学習指導要領では、学びの質を高めるために「何を学ぶか」に加え、「どのように学ぶか」「何かできるようになるか」を重視し、「主体的・対話的で深い学び」の実現に向けた授業改善を求めています。総則では「学校図書館を計画的に利用しその機能の活用を図り、児童の主体的・対話的で深い学びの実現に向けた授業改善に生かすとともに児童の自主的、自発的な学習活動や読書活動を充実すること。また、地域の図書館や博物館、美術館、劇場、音楽堂等の施設の活用を積極的に図り、資料を活用した情報の収集や鑑賞等の学習活動を充実すること」とし、学校図書館の計画的な利用とその機能の活用に対してさらなる期待がされ、役割が重要視されていることを確認しておかなければなりません。

2　学校図書館を計画的に利用しその機能の活用を図る

2-1　学校図書館全体計画などの図書館運営計画

1968年改訂以後、総則の学校図書館の記述で「計画的に」という言葉が、使われ続けています。このことを学校教育方針や学校図書館運営、教科などの学習面から見ていくことにします。

　「計画的」ということは「学校全体の教育計画に位置づける」ことです。どの学校にも「学校経営方針」「学校教育方針」（図1を参照）が必ずあります。その方針のなかに「学校図書館運営（経営）」が位置づけられ、教科や教科外の教育活動と関連づけられていなければなりません。換言すれば、すべての教育活動で学校図書館が活用できるように、図書館の充実を図らなければなりません。その具体化を図るために「学校図書館全体計画」（図1）の作成が必要になります。

　図1は、小学校の学校図書館全体計画の例です。

　この学校図書館全体計画には、まず「学校教育目標」があり、それにつながり「学校図書館活用の目標」があります。この目標を達成するために、「学校図書館経営方針」などが作成されます。全体として、学習指導要領や学校図書館法などの関連法規に則り、学校図書館を効果的に利用していくことの大切さやその具体的な方法を明示しています。

　また、学校図書館に関連する児童・教職員の実態を、例えば「読書好きな児童が多く、年間100冊の読了を目指して本を手に取る姿がよく見られるが、選書に偏りがあったり、読書に親しみにくい児童もいたりする」「図書館を進んで利用し、調べる学習を活発におこなう児童が増えた」「教職員は児童に図書館利用を奨励している」のように具体的に記述することが必要です。これらのことをふまえて、「学校図書館活用の目標」では、どのような児童・生徒を育てるのかを具体的に掲げることになります。「各学年・総合支援学級の重点目標」では、学年段階・発達段階に基づいて目標を掲げます。「具体的な取り組み」では、各教科や総合的な学習の時間、特別の教科としての道徳、読書活動などについて、その取り組みやねらい、育てたい能力をあげていきます。最下部には家庭・地域との連携について記しています。児童・生徒の読書量を増やしたり、図書資料を使った学習を盛んにしたりするには、家庭の支えが大切なことはいうまでもありません。この全体計画には記されていませんが、新学習指導要領の実施に向けては、地域の図書館や博物館、美術館、劇場、音楽堂などの施設の活用を全体計画に記述していくことも今後必要になります。

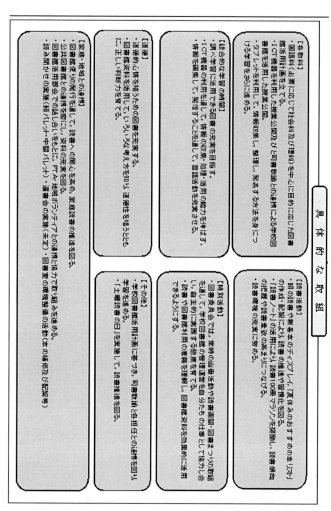

具　体　的　な　取　組

【各教科】
・国語科（社会科に応じて社会科及び理科）を中心に目的に応じた図書
　既活用計画を立てる。
・ICT機器を利用した授業公開及び図書教材との連携による学校図
　書館活用を推進、普及。
・タブレットを利用し、情報収集し、発表する方法を身につ
　けるような学習を心に進める。

【総合的な学習の時間】
・調べ学習に活用できる図書の充実を目指す。
・ICT機器の利用を通して、いろいろな考え方をのばす。
　情報を編集して、発信することを通して、言語活動を充実させる。

【道徳】
・道徳的な心情を培うための図書の充実を目指す。
・図書館資料を活用して、資料の処理・活用の能力を伸ばす。
　に正しい判断力を育てる。

【実態・地域との連携】
・図書館便りの発行を通して、読書への関心を高め、家庭読書を図る。
・公共図書館との連携を密にし、資料の充実を図る。
・図書館活用部会での連携を図り、学校司書・地域ボランティアとの連携に協力し合い、読み聞かせの実施（朝バレット・中間バレット）・読書会の実施（未定）・図書の環境整備の活動（本の補修及び配架等）

【読書活動】
・朝の読書や新書本のディスプレイ、夏休みのおすすめの本リスト
　の作成・配架により読書の推進や習慣化を図る。
・「読書ノート」の活用により、読書100冊・マラソンを実現し、読書傾向
　の把握や読書意欲の高まりにつなげる。
・読書環境の充実に努める。

【特別活動】
・図書委員会では、常時の当番活動や読書週間・図書まつりの取組
　を通して、学校図書館の勉強を分かりやすい仕事として協力し合
　い、自主的に運営する態度を育てる。
・読書や図書館利用の意義を理解し、図書館資料を効果的に活用
　できるようにする。

【その他】
・学校図書館活用計画に基づき、司書教諭と各担任との連携を図り、
　学習を進める。
・「土曜読書の日」を実施して、読書推進を図る。

図1　学校図書館全体計画例（京都市立錦林小学校作成）

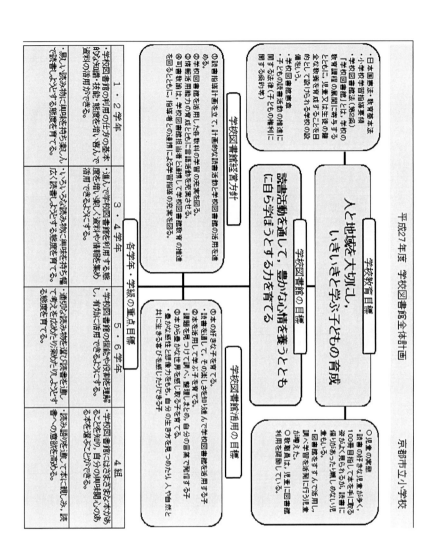

学校教育目標

人と地域を大切にし、
いきいきと学ぶ子どもの育成

学校図書館の目標

読書活動を通して、
豊かな心情を養うとともに
（自ら学ぼうとする力を育てる

・日本国憲法・教育基本法
・小学校学習指導要領
「学校図書館法」（第2条）
・学校図書館図書標準
・学校教育関係諸法令等

学校図書館経営方針

①読書指導計画を立て、計画的な読書活動と学習の充実を図る。
②学校図書館を活用した各教科の学習の充実を図る。
③読書活動及び児童に言語活動を充実させる。
④情報活用能力の育成とともに言語活動と学校図書館での活用を推進する。
⑤司書教諭・学校図書館担当者と連携した学校図書館教育の充実を図るとともに、指導者との連携による学習指導の充実を図る。

学校図書館活用の目標

①本の好きな子を育てる。
読書を通して、その楽しさを知り進んで学校図書館を活用する子
②本を活用して学ぶ子を育てる。
課題を見つけて調べ、整理し、まとめ、自分の言葉で発信する子
③本を通して豊かな世界を知る子を育てる。
本から得た心豊かな世界を自分の生き方を見つめたりできる子
④読書を通して人と共に生きることの喜びを感じとれる子

○児童の実態
・読書が好きな児童が多く、100冊目標に本を手に取る姿が多く見られるが、読書に偏りがあったり楽しめない児童も見られる。
・図書館を多く活用し、図書館を多く行う児童が増えた。
・教職員も、児童も図書館利用を習慣している。

1・2学年	3・4学年	各学年・学級の重点目標 5・6学年	4組
・学校図書館の利用の仕方の基本的な知識・技能・態度を身に付け、喜んで活用できるようにする。	・進んで学校図書館を利用する態度を身に付け、喜んで（資料や情報を集め）活用できるようにする。	・学校図書館の積極的な役立ち利用、学校図書館に活用できるようにする。	・学校図書館にはさまざまな本があることを知り、自分の興味・関心のある本を選ぶことができる。
・楽しい読み物に興味を持って楽しく、広く読書しようとする態度を育てる。	・いろいろな読み物に興味を持ち、広く読書しようとする態度を育てる。	・進んで読み物を選び読書を通して考えを広め深めたり楽しんだりする態度を育てる。	・読み語りの良さを読み味わい、読書への意欲を高め・読書の楽しさを味わって本に親しみ、読書する態度を育てる。

2-2 全体計画と司書教諭の役割

　この全体計画があることによって、学校教育活動のなかでどのように学校図書館が位置づけられているかを全教職員が認識でき、共通理解をもつことにつながります。

　ところで、司書教諭は学校図書館担当教員（図書館主任）とともに、校長・教頭のアドバイスを受けながら、この全体計画を作成していくことになります。そのときに念頭に置いておきたい要点があります。学校図書館を児童・生徒や教職員がどのように利活用しているか、教育活動に生かされているか、その実態や事実を直視することです。例えば、一人ひとりの児童・生徒の読書量や読書傾向を把握することであり、指導者が教科学習などで学校図書館をどのように利活用しているかを把握することです。児童・生徒一人ひとりにその子が必要とする図書や資料を提供でき、同様に教職員が研究や授業に必要な図書や資料を提供できる司書教諭や学校図書館になることを目指してほしいものです。

3　学校図書館での教科指導

写真1　学校図書館での授業風景（3点とも筆者撮影）

3-1　学校図書館の計画的な利用

　写真1は学校図書館での授業風景です。学習課題を主体的に、探究的に解決するために学校図書館の資料から必要な情報を取り出し、複数の情報を比較したり編集したりしながら学習を進めていきます。ときには、他者との対話をおこないながら自分の思考をより深く掘り下げていきます。上の写真は

中学校での学習風景です。資料を探したり読み込んだり、情報を整理したりしている様子がうかがえます。学校図書館の活用を学校教育目標に掲げた中学校のなかには、すべての教科の授業で学校図書館を計画的に利用した学習を進めているところがあります（後述）。中央の写真は小学校での学習風景で、担任教諭がこの時間の学習課題を示し、司書教諭が図書館の使い方や必要な資料の見つけ方をレクチャーしたり、ブックトークをしながら複数の資料を紹介したりしています。右の写真は百科事典や辞書類が配架されている書架の前で、児童がワークシートを使って課題や調べたいことを確認しながら資料を選択している様子です。資料が選択できれば、情報カードに出典を記入のうえ、必要な内容を引用したり、自分の考えを端的に記したりする作業に移ります。この学校図書館には図書資料だけでなく、その分類に関する実物資料として、書架には地球儀があり、帆船があり、兜があります。このような実物メディアも意図とねらいをもって展示することで、教科学習に生かすことができます。

3-2　児童・生徒の読書実態

　学校教育法第21条第5号に「義務教育の目標として読書に親しませること」とあります。

　児童・生徒を読書に親しませることは義務教育上の重要な課題であり、その取り組みはこれまで学校教育だけでなく、社会教育や生涯学習の一つとして意図的に実践されてきました。学校では主に国語科の授業として、あるいは特別活動の読書活動や利用指導のなかでおこなってきました。また、朝の帯時間や昼に特設の時間帯を設けて読書指導や読書の習慣化に取り組んできました。近年では、国語科の学習で、主教材をより深く学習するために、いわゆる「並行読書」として図書資料（副教材）を用いた授業を実施しています。複数の教材を読むことでより深く教材について考えるとともに、読書量を増やすことをねらいとしています。

　では、児童・生徒の読書状況はどうあるのかを、第61回学校読書調査から明らかにします。これは、小学校4年生から6年生や中学生、高校生を対象に毎年実施しているものです。この結果を見ると、1985年から2015年まで小学生の読書量は伸び続けてきました。中学生もゆるやかに伸びてきました。高校生はさらにゆるやかですが、上向きに伸びています。しかし、見方

を変えて、一人の児童・生徒の読書量は学年が上がるにつれてどう推移しているかを見ると、学年が上がるにしたがって読書量が激減する傾向にあることがわかります。

　小学校では月に11、2冊読んでいましたが、中学から高校に進学するにつれて、平均読書冊数が月に1.5冊になります。ほぼ10％です。この結果は、読書指導に大きな課題があることを示しています。これまでの読書指導や読書生活を通して、読書好きな児童・生徒を育てることができてきたのか、生涯読書につながる図書指導ができてきたのか、学校図書館に関わる者、教育に関わる者が、再度考えなければならない課題です。学校家庭地域、社会がそれぞれの立場で効果的な施策を実施していくことが必要です。なかでも、学校がその主たる役割を担わなければならないのは当然のことです。学校図書館を日々の授業や教育活動で計画的に利用する、すべての教科で学校図書館を活用し、そのなかで児童・生徒自身が自らの学びにとって「学校図書館はなくてはならないものだ」という実感をもたせることが必要だと考えます。

　さて、2015年の学校読書調査（学校読書調査とは、1954年、学校図書館法が施行されたのを機に子どもたちがどんなものを読んでいるかの実態を把握するために始まり、全国の小学校4年生以上・中学校・高校の合わせて9学年の男女を対象に、1カ月間に読んだ本の冊数やその本の書名などを質問することを毎年の基本調査とし、そのほかに特別テーマを設定して、子どもをめぐる「読書環境」など読書に関する世論調査を報告書にしたもの）の質問事項に、学校図書館を使った学習指導に関連する質問事項があるので見ておくことにします。

　質問事項は次の5点です。
①どんなことにどれくらい時間を使っているか。
②わからないことを何で調べるか。
③調べた内容が正しいかどうか確かめているか。
④どんなマンガを読むか。
⑤マンガの本を読んでどんなことがあったか。

　②について結果を見てみます。
　学校では教科指導で、探究学習（調べる学習）をおこなっています。そこでは何を使って調べるのでしょうか。探究する方法は、書籍、辞書、教科書や資料集、パソコン、スマートフォン（スマホ）、新聞などを使う方法、家

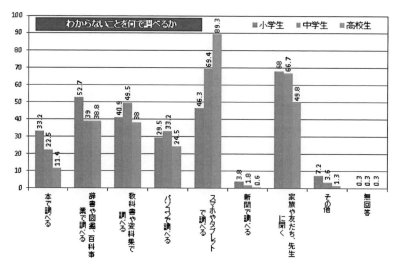

図2　わからないことを何で調べるか
（出典：第61回学校読書調査結果をもとに筆者作成）

族や友達や先生に聞くなどの方法が考えられます。

　学校読書調査を見ると、小学生では「家族や先生に聞く」が多く、次が「本で調べる」「辞書を使う」となっています。中学生になると小学生と傾向が変わり、スマホやタブレット端末で調べる割合が急激に高くなり70％に、高校生では90％にもなります。高校生にもなればスマホやタブレットを常時携帯する状況からは当然の結果と考えられますが、インターネットから取り出した情報が信頼できるものかどうか、確認できているのでしょうか。できていないのならば、その指導をしなければなりません。

　情報を得るために、新聞を利用することはほとんどありません。児童・生徒にとって新聞は、わからないことを調べる対象ではありません。多くの学校で学校図書館に新聞を置いていますが、1紙1部の学校が大多数です。1部では、1人かせいぜい2、3人でしか使えません。記事をスクラップとして整理して目次や索引が作られていれば、資料として生かしやすいのですが、そこまでできているところはほとんどありません。ウェブ上での記事検索も一部の学校を除いてほとんどなく、公立の小・中学校で導入しているところはまだまだ限られています。一方、家庭での新聞購読が減っていて、家庭とい

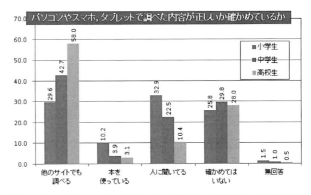

図3　パソコンやスマホ、タブレットで調べた内容が正しいか確かめて
いるか
（出典：第61回学校読書調査結果をもとに筆者作成）

う身近な場で新聞を手にすることが減ってきているのも新聞を利用しない理
由の一つです。

「本で調べる」も、学年が上がるにつれて激減しています。手軽なスマホや
タブレットに取って代わられているばかりでなく、児童・生徒が書籍に対す
る信頼感や有用感をもっていないからではないかとも考えられます。読書好
きな子どもを育てるとともに、書籍を信頼する子どもを育てたいと考えます。
教科などの学習のなかで、わからないことがあって困ったら、図書資料に当
たれば答えが見つかります。そういう学習経験を、授業を通して繰り返し味
わわせてやることが必要です。

　確かな情報を得るためには、複数の情報を集めて比較することが必要です。
入手した情報が適切かどうかを確認し、出典を確認します。情報カードなど
を用いて、出典の記入を習慣化させることが必要です。印刷資料の出典を記
入する場合と同様に、ウェブとしての出典（引用日・閲覧日・アドレス・発信
元）を記述します。こうすることで、資料確認が習慣化され、適切な資料選
択を心がけるようになります。

　教科などで調べる学習をおこなうときには、大きなテーマを与え、そのテ
ーマをもとに個人か小グループで探究課題を設定します。クラス単位や学年
単位で大きなテーマを設定して探究学習をおこなうことが通常であるため、
個々が入手した情報を交換しあったり、さらに深めたりする対話的な学習を

図4　学校図書館活用計画例（中学校第1学年）
（出典：京都市教育委員会京都市総合教育センター「学校図書館活用計画例（中学校版）」「平成25年度成果物」〔http://www.edu.city.kyoto.jp/sogokyoiku/kenkyu/outlines/h25/seika/562/index.html〕〔2019年7月21日アクセス〕）

指導者は組み込むことができます。その対話的な交流学習で、探究内容や根拠とした情報の確認をおこなうことができます。絶えず、的確な情報収集をおこなうことの大切さを学ばせる必要があるのです。

3-3　教科指導で学校図書館を活用

①各教科の指導計画に図書館活用を位置づける

　学校図書館を教科指導で計画的に活用するには、各教科の指導計画に位置づけることが必要です。どの単元で、学習課題を解決するためにどのように学校図書館を利用するのか、教科担当教諭や司書教諭が学校司書の力を借りながら、授業計画を立案します。図4はその一例です。A3サイズのシートに学年ごとの学校図書館活用計画を作成します。図には学習指導要領から、各教科などで学校図書館の活用に関する記述を抜粋し、授業計画の根拠として明示しています。各教科の年間計画を月ごとにマトリックスにして記載していきます。そのうえで当該学年のどの時期にどの教科で学校図書館の利用指導をおこなうのかをはめ込んでいきます。こうすることによって、学校全体

34

学校図書館の活用を通して付けたい力系統表（小学校第3・4学年）

付 け た い 力 ※約学年との違いをゴシックで表しています。			
知る	情報モラル	資料などを利用したときには、**出典**を明らかにする必要があることを知る。	
		一つの情報だけではなく、**複数の情報を比較し判断する**必要性について理解する。	
		インターネットを利用する上でのきまりやマナーについて理解する。	
	きまり・マナー	学校図書館のきまりやマナーを守り、**目的をもって**学校図書館を活用する。	
	分類	図書の分類の仕方を知り、必要な資料を探す。 （日本十進分類法第2次区分01類～99類程度）	
	図書館	公立図書館や地域の図書館の**分類**、**配架**、**レファレンスサービス**について知り、きまりやマナーを守って利用する。	
つかむ	課題設定	興味・関心に応じて**具体的な**学習課題を作る。	
	学習計画	課題解決のために、**どのように情報を集めたりまとめたりするのか**の見通しをもち、学習計画を立てる。	
集める	選書	題名、作者・筆者名、表紙、**目次**、**冒頭部分**などに着目して図書資料を選ぶ。	
	資料リストの利用	資料リストを利用し、目的に応じて図書資料を選ぶ。	
	コンピュータでの蔵書検索	**検索用コンピュータを使って**、必要な資料を見つける。	
	図書資料の利用	目的に応じて、いろいろな図書資料を選んで読む。	
		図鑑　図鑑の特徴や構成を知り、図鑑を利用して課題を解決する。	
		辞典　**国語辞典**、**漢字辞典**の構成や使い方を理解し、利用する。	
		事典　百科事典の構成や使い方を理解し、利用する。	
	図書資料以外の利用	要点をメモしながら聞き方を工夫してインタビューしたり、手紙でたずねたり、**アンケートをとったり**して情報を集める。	
		必要に応じて、新聞、パンフレット、リーフレット、ファイル資料、音声や映像資料などを利用する。	
		デジタルカメラなどのICTを活用し、情報を集める。	
	目次・索引の利用	目次や索引を使い、必要な情報を見つける。	
	情報の読み取り	文章、絵、写真、図表、グラフなどからわかる事実を読み取る。	
	要約	必要なところをカードやワークシートなどに箇条書きで要約する。	
	出典	日付や資料の題名、著者名、出版社名、出版年、該当ページなどを記す。	
選ぶ	情報の整理	二つ以上の情報から、共通点や相違点を見つけ、情報を分ける。	
	情報の選択	二つ以上の情報から、目的に合ったものを**選ぶ**。	
まとめる	引用	引用する部分をかぎ（「 」）でくくることや引用部分が適切な量になるようにすることなど、**引用の仕方**を知り、必要に応じて文章、絵、写真、図表、グラフなどを引用する。	
	情報の加工	情報からわかったことや解決したこと、考えたことなどについて、**構成を工夫して**、文章、絵、写真、図表、グラフ、地図などを使ってまとめる。	
伝える	情報の表現・伝達	相手や目的に応じて、**適切な方法を選んで**表現・伝達する。 （文章、スピーチ、ポスター、リーフレット、**パンフレット**、**新聞**、紙芝居、ペープサート、劇など）	
振り返る	学習活動の評価	学習の過程と結果（内容）について評価する。 （課題の作り方、情報の集め方、情報のまとめ方、情報の伝え方） （自己評価、相互評価）	

図5　学校図書館の活用を通して付けたい力系統表
（出典：京都市教育委員会京都市総合教育センター「学校図書館の活用を通して付けたい力系統表（小・中学校版）」「平成25年度成果物」〔http://www.edu.city.kyoto.jp/sogokyoiku/kenkyu/outlines/h25/seika/562/index.html〕〔2019年7月21日アクセス〕）

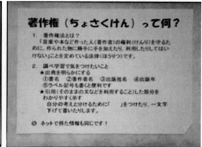

写真2　図書館オリエンテーション（錦林小学校教諭 稲垣美保先生作成）

が学校図書館を意図的計画的に活用することになります。ここまでの計画を一度に立てるのは大変ですが、教育委員会指導主事の協力を得たり、各校の図書館担当教員・司書教諭・学校司書が分担して作成したりすることも考えられます。

　京都市総合教育センター研究課のウェブサイトでは、「学校図書館の活用を通して付けたい力系統表」を公開しています。その系統表では、「知る・つかむ・集める・選ぶ・まとめる・伝える・振り返る」の7つの観点から「指導内容と付けたい力」を簡潔にまとめています。図書館活用計画や指導案を作成する際に参考にするといいでしょう。

3-4　学校図書館活用のスタート

①活用のスタートは「図書館オリエンテーション」

　年度当初には、すべての学年で「図書館オリエンテーション」を実施することを勧めます。その学年に応じて、教科などの学習で学校図書館をどのように活用すれば、効果的に学習が進むのか、あるいは児童・生徒にとってかけがえのない図書と出合えるチャンスがあるのかを、事例をあげながらオリエンテーションをおこないましょう。オリエンテーションは、その年度に初めて、司書教諭や学校司書が児童・生徒に出会う場です。その司書教諭や学校司書から図書館の利用マナーや図書資料の見つけ方、また著作権について学ぶ機会になります。新たな一年の学習の拠点になる学校図書館の必要性を確認する場にもなります。その際、写真2のようなスライドを用意しておけば、そのつど必要なことを加筆したり訂正したりしながら繰り返し利用する

写真3　中学2年生の保健の授業風景（筆者撮影）

ことができます。このオリエンテーションには児童・生徒のほかに、指導に直接携わる先生だけでなく、直接指導に当たることはない学校内の職員にも参加してもらうことを勧めます。学校で学ぶ児童・生徒、児童・生徒の教育と学校生活を支える教職員の両者が学習拠点としての学校図書館をよく知り理解し、利用するためにも必要なことだと考えます。なお、各教科などで学校図書館を計画的に活用した授業をおこなうときも、その第1時間目は図書館を使って授業をおこない、授業の導入とすることで図書館の利用促進につなげることができます。

4　中学校の授業実践から

　京都市立伏見中学校では、2016年度の学校経営方針の一つに「図書館教育を推進し、思考力・判断力・表現力を育む」をあげて全教科で学校図書館を活用した授業をおこない、それらの授業を公開しました。

　2年生の保健「自然災害による危険」の授業は、南校舎2階の学校図書館で実施されました。体育科教諭が司書教諭とともに指導案を練り上げ、司書教諭が準備した図書資料（写真3を参照）を使って、「自然災害や応急手当てについて、テーマを設定し、どのような視点で実際の場面に生かせるのかを考え言葉にできるようにする」という目標で授業を展開しました。この目標は整理する余地はあるものの、資料の利用の仕方などを簡潔に説明しながらの良質な授業でした。生徒たちは準備された資料を読み込んだり、司書教諭からアドバイスを得たり、生徒相互で意見を交わしたりしながら、自分の考えをまとめていました。

　指導案を紹介しておきます（表1）。

5　新たな教育課題・教科学習と学校図書館

　時代の変化や社会の進歩、科学技術の発達によって、新たな教育課題が生まれています。それらの課題解決に、学校図書館はこれからも寄与し続けなければなりません。それらを担うための充実した図書資料がある学校図書館

表1　第2学年保健体育学習指導案
1. 授業者
2. 指導日時
3. 教材指導計画

題材・単元名	『自然災害の一次災害と二次災害』 『自然災害による傷害の防止』 『応急手当の意義と方法』	
題材・単元の目標	・自然災害の一次災害や二次災害について理解し、自分なりに深めようとしている。 ・応急手当の意義と方法を知り、実際の生活の中で活用できる力を育てる。	
題材の評価規準	○関心・意欲・態度 　（取組の姿勢） ○思考・判断・表現 　（レポート）	・自然災害や応急手当について興味をもち、知識・理解を深めようとしている。 ・自然災害や応急手当の必要性を理解し、実生活のどんな場面で活用できるか考えている。

【学校図書館の活用を通してつけたい力】（系統表を基に）

(図書資料の活用)・目的に応じて、百科事典や図鑑など各種の図書資料を選んで読む。

(情報の引用)・目的に応じた引用の仕方を工夫し、引用部分と自分の考えとの関係を考えて適切に記録する。

(情報の表現・伝達)・相手や目的、意図に応じて、効果的な表現・伝達について工夫する

時	学習活動	評価の重点				評価の視点（評価の方法）
		関	思	技	知	
1〜3	・最初に教科書 p60〜p71に目を通し、テーマ設定の範囲を確認する。 ・自然災害、応急手当の中でテーマを選択。 ・中間で互いのレポートを見せ合い、意見やアドバイスを交換する。 (図書資料の活用) (情報の引用)	○	○			【関】教科書にない視点や新たな発見で、テーマを選択している。（レポート） ・中間で、互いの意見交換も行う。 【思・判】適切な部分を選択し引用できている。（レポート）
4	・班ごとに一人ずつ発表していく。 ・周りは評価する。	○	○	○		【関】わかりやすく発表できている。 【思・判】質疑応答ができる。発表者の評価を行う。

4.【単元の全体計画】
　○自然災害や応急手当てにおいて、教科書を深められるテーマや、新たなテーマを設定し、どのような視点で実際の場面に生かせるのか考え、言葉にできるようにする。

5.【本時の展開】（2・3／5時間）

学習活動	＊支援　○留意点	評価の視点（方法）
○本時の流れの確認 　レポート作成→意見交 　換→レポート作成 『自然災害の一次災害と二 次災害』 『自然災害による傷害の防 止』 『応急手当の意義と方法』 の中で前時選択したテーマ に沿って、レポートを作成 していく。 ○調べ、まとめる。 ・紹介したい分野について 　各自で文献を選択、レポ 　ートにまとめる。 ・レポートは色を使い、聞 　き手が　見やすいように 　工夫する。 ○意見交換を行う 　グループの中で自分の 　調べている内容につい 　て話し、周りから意見 　やアドバイスをもらう。 ○考え、調べ、まとめる。 　意見交換でもらった意 　見やアドバイスを参考 　にして、新しい資料を 　探したり、内容を加え 　たりしてレポートを作 　成していく。	○聞き手の立場に立った時、興味を 　抱き、新たな発見や驚きがありそ 　うな内容を調べるよう促す。 ○聞き手が見やすく、興味を持つよ 　うなレポートに仕上げることを意 　識するよう促す。 ＊予め教師が分野別の本の位置を把 　握しておき、調査に時間がかかっ 　ている生徒には目的に応じた本が 　出せるなどの手立てをとれるよう 　準備しておく。 ＊前回提示した昨年度のまとめの例 　も要望があれば、見せる。 ＊司書教諭の先生にも本の相談にの 　ってもらえることを伝える。 ＊こんな内容があったらわかりやす 　い、こんな書き方だと情報が入り 　やすい、図があったほうがよいな 　ど具体的な意見やアドバイスの交 　換を行う。 ○意見交換の情報を生かせるように 　する。	●教科書にない視点 や新たな発見にも注 目してレポートにま とめている 【関心・意欲・態度】 （レポート） ●意見交換を参考に して新たな視点から、 レポートを完成させ ようとしている。

【司書教諭との連携】
・授業計画・指導案作成　図書資料の準備　図書館の活用方法　授業の際のサポート

【授業を終えて】　　単元　傷害の防止

> ■つけたい力との関連
> 「自然災害の一次災害と二次災害」「自然災害による傷害の防止」「応急手当の意義と方法」
> の中で興味や関心をもった場面を想定し、それに対処するための知識や理解を、図書資料
> を活用することで深める。深めた内容を発表し、情報の表現や伝達能力を高めていけるよ
> うにする。

■成果

　図書を活用することで、それぞれがテーマとして選んだ地震や津波などの自然災害、捻挫や骨折などの応急手当について、教科書の内容より深まった情報や知識を得させることができた。また、発表の機会を設けることによって、その情報や知識を他者に伝える表現力を磨くことができた。

　また、発表後に自分のレポートを改善したり、内容が足りなかったところを補足したりしようとする意欲的な行動も見られた。

■課題

　発表の後に相互評価・自己評価を行わせたが、基準が明確でなく、曖昧になってしまったところに課題が残った。また、発表後の質疑応答では、探究の結果が深まっていくようなものにできなかった。

を作っていく必要があります。

　新たな教育課題には、特別な教科としての道徳、新しい教科としての外国語や外国語活動があります。また、新たに日本にやってきた外国人児童・生徒に対する日本語教育、特別支援教育、18歳選挙権と主権者教育、プログラミング学習なども考えられます。

　これらに対する学校図書館の資料を準備できているか、司書教諭が提供できるようになっているかが課題です。新たなニーズに応えられる図書館資料をどのように構築していくか、これが非常に大事になってきます。これまでの学習は教科ごとに体系化されたものが中心でしたが、教科の枠を超えた教科横断的な学習が増えていきます。各学校は教育課程を通じて子どもたちにどのような力を育むのかという視点で考えたうえで、学校図書館を計画的に利用し、その機能の活用を図ることができるように学校経営および図書館経営をしていくことが必要です。児童・生徒の自主的・自発的な学習活動や読書活動を充実できる学校図書館を作らなければなりません。

注

(1)「きみたちは『図書館たんていだん（1）』」『こくご 二下 赤とんぼ』所収、光村図書出版、2015年

(2)「わたしたちの『図書館改造』提案」『こくご 五 銀河』所収、光村図書出版、2011年

第3章　京都市が進める学校図書館改革
──教育行政の視点から

戸塚恵美子

1　時代

ご存じのように、1953年に超党派による議員立法によって学校図書館法が成立しました。そこでは、主に次のようなことを定めています。

第1条（目的）
　学校図書館が学校教育において欠くことのできない基礎的設備であることにかんがみ、その健全な発達を図り、もって、学校教育を充実することを目的とする。
第2条（定義）
　学校の教育課程の展開に寄与するとともに、児童又は生徒の健全な教養を育成することを目的として設けられる学校の設備をいう。
第3条（設置義務）
　学校には、学校図書館を設けなければならない。[1]

以下、学校図書館の運営、司書教諭・学校司書、設置者の任務、国の任務などについて記述しています。

この法律が施行されてから約30年後の1982年、私は京都市立中学校の国語科教員として教師生活をスタートしました。全国的にも同じだったかもしれませんが、当時の京都市の学校現場はいわゆる校内暴力の嵐が吹き荒れていて、学校図書館はというと、廊下側には暗幕を引き、高い本棚が窓を塞ぎ、薄暗くかび臭い倉庫のような状況でした。毎日の開館もおぼつかない学校が多かったように思います。新人の国語教師は校務分掌として図書主任を任命

されることが多く、私もその一人でした。当時の図書台帳は手書きで、分類番号も自分で調べ、台帳整備をしていました。同じ経験がある方もいるかと思いますが、この作業は思いのほか時間がかかります。授業がある期間中は集中して作業をおこなうことはできないため、夏休みや冬休みにまとめて時間を確保し、一冊一冊を手作業で記入していました。当時は現在とは違って、夏休みに学校が完全に閉鎖されることはなく、学校図書館担当の若手の教師が4、5人、朝から図書館に集まり、本の話や授業の話、生徒の話から自分の教師としての悩みなどを話題にしながらみんなで一日中作業をおこない、その話は夜の会食まで続いたものでした。いま考えると、とても贅沢な時間であり、教師として成長できた時間でもありました。

2　学校図書館に吹きだした新たな風

2-1　蔵書管理の電算化

　京都市教育委員会では2004年度から学校図書館の充実と整備に取り組み始め、計画的に学校図書館の整備を進めました。その皮切りになったのが、蔵書管理の電算化です。学校図書館の充実を図りたい教育委員会と学校と図書のスペシャリストである京都府書店商業組合との協議が始まりました。そして、05年度から、学校図書館の全蔵書のデータや貸出・返却状況を一元的に管理できるシステムを順次導入し、07年度には全校に導入しました。それによって、各学校の蔵書のバーコードを読み取らせることで、本の貸出や返却はもとより、蔵書管理や蔵書検索、分類別統計一覧の作成など、学校図書館全般をパソコンで管理するようになりました。それ以降、購入した本には書店が学校のバーコードとラベルを貼り、本の基礎データを入力したものを電子で処理できるようになりました。蔵書データを瞬時かつリアルタイムに把握できることで、調べ学習などでの学校図書館の利用が進みました。また、貸出状況の統計データから、子どもたちの読書状況や読書傾向の分析も可能になりました。

2-2　居心地がよく機能的な学校図書館への大改造

　多くの学校は、第2次ベビーブームといわれた1971年から74年に生まれた

子どもたちの急増期に、建築ラッシュのなか建てられました。開校から30年以上たつ校舎が多いなか、学校図書館も決してきれいといえる状況にはありませんでした。暗い雰囲気を変えたい、また、より機能的にしたいという学校が増えてきました。京都市教育委員会では、図書館整備用のキットを公費で調達し、希望する学校に順次配布しました。図書館整備と口で言うのはたやすいですが、全蔵書を確認し、資料として活用できない古い本は廃棄して、図書ラベルの貼り替えや補修をおこない、書架のレイアウトを見直す作業です。日本十進分類法による配列で並び替える作業にはものすごい時間と労力がかかります。しかし、学校図書館をよりよくしたいという思いをもつ人は多く、教職員や児童・生徒、保護者、地域のボランティアの方々が力を合わせて、学校図書館の大改造をおこなう学校が増えてきました。2014年度にはすべての学校でこうした整備が完了し、私たちはこれを当時のテレビ番組になぞらえ「ビフォアアフター」と呼んでいました。

　また、古くから林業で栄えた地域をもつ京都市ですが、住居形態や生活スタイルの変化などから、木の温もりに触れることが少ない時代になりました。そこで京都市の施策として、2013年度から京都市地域産の木材の杣木を使用した木材製品での整備が事業化されました。過ごしやすい、居心地がいい学校図書館づくりには願ってもないタイミングでこの制度を活用し、年間約5,000万円の予算で木製の机・椅子・本棚を順次設置しています（残念ながら現在は予算が半分に減額されてしまっています）。木製の机や椅子が備わった学校図書館はとても明るくなり、まるで喫茶店のように雰囲気が一変したところもあります。本棚は仕切りの棚が可動式になり、それまでは横向きに配架されているようなこともあった背の高い本も、日本十進分類法に沿っての配架が可能になり、機能性が格段に高まりました。

2-3　司書教諭の法制化

　1997年、冒頭で触れた学校図書館法が改正され、それまで「当分の間置かないことができる」としていた司書教諭を、2003年度以降は12学級以上の学校には「必ず配置する」よう義務づけられました。司書教諭とは、独立した専門職ではなく「教諭をもって充てる」とされているもので、教員免許状を基礎資格として取得する司書教諭資格を有する教員のことをいいます。京都市教育委員会では、早くから司書教諭資格取得促進施策として、現職教

員の司書教諭資格取得のための講習受講補助（教材費相当の図書券の支給）や大学での講習実施の要望をおこない、現在では12学級以上は全校、12学級未満の学校を含めても92％の学校に司書教諭を配置しています。

　課題もあります。学校図書館の現場の司書教諭には時間的な配慮はなく、あくまで一般教員の校務分掌の一つでしかありません。日々の授業や生徒との関わり、部活動の指導をおこなうなかで、日常的に学校図書館に専念できる時間的な余裕はなく、正直なところ「絵に描いた餅」の面もあります。

　しかし、有資格者を少しでも増やして専門性を高めることで、学校図書館の整備・活用が着実に進んできました。私が勤務していた学校の司書教諭も平常の勤務時間は教科指導や生徒指導に追われるなか、夕方から夜遅くまで作業をしていたことを思い出します。それほど本との関わりには魅力がありました。

3　大きな転換期──学校司書の配置

3-1　学校図書館運営支援員（現学校司書）の配置

「学校図書館専任の司書がいれば」、現場にそういう思いが大きくなっていた2009年度、京都市教育委員会では、国の緊急雇用対策事業や地方財政措置の財源を活用し、初めて学校図書館専任の非常勤職員である学校図書館運営支援員を小学校4校、中学校1校に配置しました。翌10年度には小・中学校24校、13年度には197校と、着実に配置を拡大していきました。15年度には、週1日配置校から3日配置校と配置日数はさまざまですが、全小・中・支援学校に配置しました。16年度からは、学校図書館法の改正に伴って学校図書館運営支援員の名称が「学校司書」になりました。京都市の学校司書の採用条件として、「司書の免許」「司書教諭の免許」「学校教員の経験」のいずれかを求めています。勤務日は1校週1日から3日配置をしています。1日の勤務時間は1日5時間とし、①8時30分─14時、②10時から15時30分、③12時─17時のいずれかを学校側と学校司書が協議後決定し、教育委員会に報告することとしています。

　なお、2019年度からは基本勤務時間を1日6.5時間、2時間を基本とし、④8時30分─15時45分、⑤9時─16時15分、⑥9時30分─16時45分とする学校

司書もいます。

3-2 学校司書を担当する教育委員会の体制

京都市教育委員会指導部学校指導課内に、学校図書館を専門に担当する専門主事（小学校・中学校の校長経験者で、2019年度は、小学校担当2人、中学校・総合支援学校担当1人）を配置し、学校司書の採用や研修などをおこなっています。

表1　学校司書の年間研修一覧

4月上旬	第1回学校司書研修会 ・現行学習指導要領、学校教育の重点 ・学校図書館の方向性 ・学校司書が果たす役割・勤務内容などの説明 ・図書ナビゲーションシステムの操作方法について
6月	実践発表 ・学校司書の授業への関わり方 　小学校4校…年鑑、百科事典などの使い方 　中学校2校…オリエンテーションのしかた
7月下旬— 8月上旬	京都市4中央図書館と連携した研修 ①絵本の読み聞かせ体験Ⅰ ・市立図書館の司書による指導 ・読み聞かせの実践と市立図書館司書による講評 ②絵本の読み聞かせの指導体験 ・市立図書館の司書による読み聞かせ指導 ・教師役と生徒役に分かれての読み聞かせ実践 ・代表者の発表と市立図書館司書による講評 ③ブックトーク体験Ⅰ ・自分でテーマを決め、持参した数冊の本でブックトークを実践 ・市立図書館司書による講評 ④ブックトーク体験Ⅱ ・事前に市立図書館が指定したテーマに即した本を2冊持参し、4～5人のグループ内で一定時間内の組み立てをおこない、全員の前で発表 ・市立図書館司書による講評 ⑤ビブリオバトル ・1グループ5人でビブリオバトルをおこない、グループ代表者が全体で再度ビブリオバトルをおこない、チャンプ本を決定する
12月中旬	学校司書として取り組んできた内容をKJ法でグループ協議をおこなった後、全体発表

3-3　学校指導課学校図書館専門主事による学校訪問

　京都市では現在、学校図書館専門主事が学校司書の勤務日に合わせて、学校訪問をしています。訪問時には、まず学校司書に分類別統計一覧の提出を求めます。日付の設定が可能なので、1枚は昨年度の4月1日から3月31日のもの、もう1枚は今年度の4月1日から学校訪問日のものを提出してもらいます。これで昨年度のその学校の学校図書館の本の動きがわかります。昨年度末での蔵書数や昨年度本を何冊購入したか（寄贈も含めます）、何冊除籍したか、現在の蔵書数といった基本的な数値とともに、0から9の分類の配分比率がわかります。京都市が現在目指している学校図書館のあり方でいえば、①学校図書館図書標準の定める冊数の達成、②調べ学習に適する配分比率の達成が目標です。大規模校を中心に標準冊数が達成できていない学校があることと配分比率のアンバランスな学校が多く、小学校でも中学校でも9分類が多いことが課題です。

　学校訪問の流れは、まず各校の図書館のデータをもとに学校司書と1時間前後の面談をおこないます。そのときには学校図書館の本の動き全般や開館状況、学校図書館の授業への活用状況といった学校側の様子を聞くとともに、学校司書として困っていることも話が聞ける範囲で聞いて助言をします。

　また、学校現場の経験がない学校司書に対しては、学校文化というものを伝えたりもします。そうして学校司書から得た情報を中心に、現在学校が抱えている学校図書館の課題や向かうべき方向性を校長に助言し、その内容をデータで教頭・研究主任・図書主任・学校司書で共有してもらうようにしています。こうした記録は、学校指導課でも1部保存し、その年のその学校のさまざまな指導に活用します。訪問校の順番は、まず今年度初めて学校司書として勤務した人の学校、次に校長が昇任で着任した学校を優先的に訪問します。場合によっては1年間に複数回、学校訪問をすることもあります。

　京都市の学校司書の採用資格は前述したとおりですが、学校現場経験者の学校司書には、学校図書館の知識や「図書ナビ」の扱いに不慣れで不安感をもつ人がいる一方、司書の資格で勤務している学校司書は、学校現場に慣れることに時間がかかる場合があります。しかし、そのような状況のなかでも、ある学校司書は中学校勤務が初めてで、「中学校の家庭科の時間に読み聞かせの指導を依頼され、初めて教壇に立って授業をしたとき、足が震えまし

た」と苦労話をしていました。その学校司書もいまや「中学校の学校司書が
とても楽しい」と自信ありげに語っていました。学校司書も自らの立ち位置
を切り開く姿勢が必要だと強く感じた言葉でした。

3-4　学校司書をめぐる成果と課題

　学校司書と司書教諭がどんな役割分担をしているかは非常に重要なところ
です。学校の教員は児童・生徒の専門家であり、授業の専門家です。ところ
が学校図書館に詳しいかというと、そうでもない先生が多いのが実情です。
また、司書教諭が学校図書館のことに十分な時間をかけられるかといえば、
担任をもち、授業をもち、部活動をもちと十分な時間的軽減はありません。
しかし、司書教諭というのは教育課程と学校図書館をつなぐ図書館活用教育
の専門家です。他方、学校司書は学校図書館の専門家であり、その学校図書
館にどんな本があって、現在求められている学校課題に対応する学校図書館
での授業で、何が不足しているのか、教科の先生が学校図書館で授業をする
ためにどんな図書資料が必要なのかをその教科担任と連携して把握する必要
があります。

　こういったことを前提に京都市の学校司書の成果と課題を振り返ると、学
校司書がいなかったら現在の京都市の学校図書館はここまで活用されてはい
なかったと思います。学校図書館の整備、ブックトーク、読み聞かせ、ビブ
リオバトルなどが学校司書によって実施されています。また、児童・生徒向
けのオリエンテーションをおこなっている学校司書もたくさんいます。4月
当初や夏休みには、学校司書による教職員向け校内研修を実施している学校
もあります。図書資料の選書や除籍の助言をおこなっています（これはあく
まで助言であり、学校司書が独断専行しないように注意しています）。それから
授業への参加もおこなっています（ただ、学校司書は教員免許がないので単独
で教壇には立てません。教室のなかにはその教科の先生がいなければなりません。
そこで、教科の先生と学校司書との複数指導をおこないます）。さらに学校司書
によるブックリストの作成などをおこない、教育委員会のポータルサイトに
提示することによって、全市の選書に役立っています。そういったことを学
校組織として運営するのが校長の仕事です。2016年11月に策定された「学
校図書館ガイドライン」の「(2) 学校図書館の運営」には、「校長は、学校
図書館の館長としての役割も担っており、校長のリーダーシップの下、学校

経営方針の具現化に向けて、学校は学校種、規模、児童生徒や地域の特性などもふまえ、学校図書館全体計画を策定するとともに、同計画等に基づき、教職員の連携の下、計画的・組織的に学校図書館の運営がなされるよう努めることが望ましい。例えば、教育委員会が校長を学校図書館の館長として指名することも有効である⁽²⁾」と記しています。こういった意識を学校現場の校長先生と共有することも教育委員会の使命と考えています。

4　学校図書館の深化

4-1　研究の推進

　京都市では、さまざまな教科や教育課題をテーマに、国や京都市独自の指定を受けた小・中学校が研究を進めています。京都市独自の指定では、小学校、中学校で学校図書館を活用した授業実践についての研究をおこない、全市に向けた研究発表や公開授業をおこなっています。全教員が毎年のように学校図書館を活用した授業公開をおこなう学校もあります。そういう場合は、できるだけ総合教育センターの教科の指導主事と学校図書館専門主事が連携して学校を訪問し、指導助言をおこないます。その際、教科担任と学校司書が授業前・授業中に連携し、授業の組み立てをおこなうようにしています。

4-2　「読書ノート」「学校図書館活用ノート」「学校図書館運営の手引」の作成

①「読書ノート」

　幼稚園・小学校の幼児・児童用のもので、学校図書館全般の知識や学校図書館を活用した際の記録を記入するノートです。小学校はその発達段階に応じて、低学年・中学年・高学年に分かれ、担任や学校司書がこれを使ってオリエンテーションをおこない、随時、積み重ねができるようになっています。2020年度の教科書改訂に伴って、内容の刷新がおこなわれました。

②「学校図書館活用ノート」

　中学校3年間に活用できるもので、記録するためだけでなく、学校図書館全般・全市公共図書館の場所や学校図書館全般（調べ方や新聞の取り扱い）など多岐にわたって記載されたページもあります。学校図書館の使い方を指導

する教職員にも有効な冊子になっています。学校ではこの冊子を使って、国語科の教師や学校司書がオリエンテーションをおこなっています。

③「学校図書館運営の手引」
　毎年、学校現場の図書主任の多くが入れ替わる実態を憂慮し、小・中学校図書研究会と教育委員会が連携して作成した教師用冊子です。「第1章　学校図書館の理念」から始まり、これまでの京都市の取り組みや学校経営と学校図書館運営、学校図書館の機能など、図書主任として学校図書館をどのように運営したらいいのか、また、学校図書館の機能や参考資料とした図書標準や配分比率、図書資料購入についても詳細に記しています。司書教諭の免許をもたない、学校図書館の知識をもたない先生には頼りになる一冊になっています。

④京都市教育情報システム内のポータルサイト
　京都市教育委員会が管理しているネットワークシステム内にポータルサイト
(3)
を開設し、授業に有効な図書資料となるブックリストや学校図書館を活用した授業の指導案集、「学校図書館活用実践事例集（指導案集）」「読書ノート」「学校図書館活用ノート」「図書ナビ簡易マニュアル」などのデータを掲載しています。学校司書もいつでも学校で見ることができ、その後の図書資料の選書の助言や授業の連携に有効に機能しています。

5　図書館教育（読書推進・授業活用）に関わる教育委員会の組織と役割

　京都市には2019年度、市立小学校155校、中学校66校、義務教育学校7校、総合支援学校8校、高等学校9校、幼稚園が15園あります。計252の学校・園を管理・指導する京都市教育委員会には、総務部、指導部、生涯学習部の3部で構成される事務局に加え、市立図書館として4つの中央図書館と16の地域図書館を含む20の教育機関があり、行政職員315人、教育職員134人が勤務しています。この各組織がそれぞれの担当分野に応じて、連携を図りながら学校図書館の指導やサポートなどをおこなっています。

5-1 指導部学校指導課

「学校教育に係る調査、企画及び調整」「学校教育の指導に関すること」「学校教育の振興及び支援に関すること」「地域と連携した学校教育活動の推進に関すること」「人権教育に関する企画・立案に関すること」などを所管しています。

　学校図書館に関しては、下記の業務をつかさどります。

・学校司書の採用・研修、学校訪問指導
・学校図書館を活用した授業推進のための実践研究校の指定と指導・助言
・学校図書館を活用した授業の指導案集の作成・配布
・市立図書館との連携
・幼児・児童・生徒用「読書ノート」「学校図書館活用ノート」の作成・配布
・図書主任用「学校図書館運営の手引」の作成・配布
・杣木事業の推進（木製机・椅子・本棚の配分）

5-2 総務部学校事務支援室

「学校事務職員に対する支援及び指導に関すること」「学校事務職員の研修に関すること」「学校経理及び学校の教材、教具その他の設備に関すること」「教職員の給与に関すること」「教職員の福利厚生に関すること」「情報化に関すること」「教育に係る統計に関すること」などを所管しています。学校図書館に関しては、下記の業務をつかさどります。

・図書整備費の配分
・学校図書館用のパソコンの更新・修理、ソフトの更新などの管理
（学校図書館には、貸出用などの蔵書管理用パソコンと検索用パソコンを各1台設置）

5-3 総合教育センター指導室

「教職員の研修及び教職員の研究活動に係る指導に関すること」「学習指導及び生徒指導並びに健康教育並びに障害のある幼児、児童及び生徒の教育に係る指導に関すること」を所管します。校種ごとの各教科・領域の指導主事が在籍しています。学校図書館に関しては、下記の業務をつかさどります。

・各教科の指導主事による学校図書館を活用した授業の推進
・研究授業の指導案の指導、学校図書館を活用した授業の指導・助言など

5-4　総合教育センター研究課

「教育計画、教育内容及び教育方法の調査研究に関すること」を所管しています。学校図書館に関しては、下記の業務をつかさどります。
・学校図書館を活用した授業効果の研究とその普遍化

5-5　指導部総合育成支援課

「障害のある幼児、児童及び生徒の教育の振興に関すること」「障害のある幼児、児童及び生徒の教育の指導に関すること」を所管しています。学校図書館に関しては、下記の業務をつかさどります。
・市内8校の総合育成支援学校の学校図書館の整備や研修
・支援学校、育成学級の児童・生徒向け「読書ノート」の作成

5-6　生涯学習部家庭地域教育担当

「生涯学習の計画に関すること」「生涯学習の振興に関すること」「生涯学習施設との連絡調整に関すること」「博物館の登録等に関すること」「家庭教育及び地域教育の支援に関すること」などを所管しています。学校図書館に関しては、下記の事業をつかさどります。
・市民・PTA向け「子ども読書推進」の取り組み
・読書活動についての表彰

6　近年の京都市立小・中学校・義務教育の現況

　2019年度の京都市の公立学校は小学校が155校、中学校が66校、義務教育学校7校、総合支援学校が8校あります。多くの学校現場では落ち着いて学習に集中できていますし、教員の授業改善の意識も高まってきています。そのことを学力面で見てみると、07年から始まった全国学力学習状況調査（国語A・B、算数、数学A・B）の結果では、小学校は常に上位を占め、全国平均の指数100を大きく上回っていましたが、中学校では指数100を下回るこ

とが多い厳しい状況が続きました。しかし、14年からは中学校の国語・数学ともに指数100を上回るようになりました。特にBテストのほうがAテストよりも指数が高く、無答も減少してきました。このことはやはり教育現場の校長の意識が大きく変わり、そのリーダーシップのもと、教員の指導法が、チョーク＆トークから考えさせる授業へと意識的に授業改善がおこなわれるようになり、その一端を学校図書館を活用する授業の推進が担っていたからと考えています。

　一方、教職員に目をやると、多くの団塊の世代の教職員の退職が続き、若手教職員が増加し、いままで京都市の教育現場が大切にしてきた教育実践の理念の次第送りが危うくなってきました。そこで京都市教育委員会では2012年に「平成24年度 学校教育の重点」という冊子を作って京都市が大切にしてきた教育の理念を明文化し、京都市教育の不易の部分と流行の部分をまとめて、毎年4月の第1回職員会議のときに校長が自らの経営方針とともに教職員全員に説明することにしました。教職員はこの冊子を必携し、あらゆる場面で教育活動の指針とするようにしています。

　この学校教育の重点に掲げる京都市が目指す子ども像は、「伝統と文化を受け継ぎ、次代と自らの未来を切り拓く子ども」です。学校教育のあらゆる取り組みを通して、目指す子ども像の具現化を図ります。この学校教育の重点の説明でも、学校図書館に関して、「学校図書館を、「学習・情報センター」、「読書センター」として各教科等の指導計画の中に的確に位置付ける。また、学習情報源として新聞を計画的に活用することで、広く社会への関心を高める[4]」と明記し、学校図書館が読書だけでなく、授業改善をおこなうための手段としての活用を示しています。

まとめ

　以上のように、これまで教師として学校現場で経験したことから京都市教育委員会の学校図書館専門主事として経験してきたことを、改めて明文化しました。学校図書館に対する国をはじめとする教育行政の方向性は、学習指導要領を柱として積極的であり、学校図書館教育には明らかに追い風になっていることを感じます。このことが、各教職員の授業改善につながると確信

することができました。

　2017年3月に示された「学校図書館等の更なる整備充実について」（通知）や「次期学習指導要領」（告示）の内容を十分に把握し、「学校図書館ガイドライン」に沿った学校図書館の充実を図るとともに、次期学習指導要領に示された「主体的・対話的で深い学び」を目指す授業改善のために、学校図書館を活用した授業の推進に向けて、教育行政として教育現場に役立つ援助をしていく組織でありたいと考えています。

注

(1)「学校図書館法（昭和28年法律第185号）」(http://elaws.e-gov.go.jp/search/elawsSearch/elaws_search/lsg0500/detail?lawId=328AC1000000185) [2019年4月1日アクセス]

(2) 文部科学省「別添1「学校図書館ガイドライン」」(http://www.mext.go.jp/a_menu/shotou/dokusho/link/1380599.htm) [2019年4月1日アクセス]

(3)「総合教材ポータルサイト」(http://www.kyotocity.ed.jp/) [2019年4月1日アクセス]

(4) 京都市教育委員会「平成29年度 学校教育の重点」京都市教育委員会指導部学校指導課、2017年 (http://www.edu.city.kyoto.jp/sogokyoiku/kensyu_jigyo/29jyuuten.pdf) [2019年4月1日アクセス]

第4章　教科指導と学校図書館活用

槇川 亨

1　学びを支える学校図書館

1-1　学校教育で身につけさせる学力の3要素

　学校での教科指導のよりどころになるのは学校教育法です。
　学校教育法第30条では、学校教育の目標として、

　　生涯にわたり学習する基盤が培われるよう、基礎的な知識及び技能を習
　　得させるとともに、これらを活用して課題を解決するために必要な思考
　　力、判断力、表現力その他の能力をはぐくみ、主体的に学習に取り組む
　　態度を養うことに、特に意を用いなければならない。(傍点は引用者。以
　　下、同)

とあり、いわゆる学力の3要素として、①基礎的な知識・技能、②思考力・
判断力・表現力など、③学習意欲、の3点を、小・中学校と高等学校で児
童・生徒に身につけさせなければならない力としています。
　さらに学校教育法の施行規則第52条では、これらの目標を達成するため
に学校が組織する教育計画である教育課程について「文部科学大臣が別に公
示する小学校学習指導要領によるものとする」としていて、教育課程を示し
た学習指導要領が法律に基づくものであることを示しています。

1-2　教育課程と学習指導要領

　教育課程については、本来なら児童・生徒や家庭および地域の状況につい
て最もよく把握している個々の小・中・高等学校が実態に合わせて編成をす

ればよいのですが、それでは学校によって学習する内容が異なることになり、日本全国の教育水準を保つことができなくなってしまいます。ですから学習指導要領とは、全国の小・中・高等学校の教育水準を確保するために、法に基づいて示す教育内容の基準ということになります。

　学習指導要領は、時代の変遷やそのときどきの児童・生徒の実態、教育課題などを反映しながら改訂を繰り返していて、ほぼ10年に1回の頻度で教育課程の内容に変更を加えてきました。戦後の教育改革によって最初の学習指導要領となった1947年以来、51年、58年、68年、77年、89年、98年（2003年一部改正）、そして2008年に告示された旧学習指導要領まで、これまでに計7回の改訂があり、新指導要領も17年3月31日に告示され、小学校では20年、中学校は21年、高等学校では22年から全面実施となります。

1-3　言語活動の充実

　旧指導要領でのこれまでの指導要領と異なるキーワードは、各教科を貫く重要な改善の視点として示された「言語活動の充実」でした。私たちは普段の社会生活でも、話したり聞いたり、書いたり読んだりという「言語活動」をおこなっていますが、ここでいう「言語活動の充実」はそうした意味合いの言語活動とは異なります。

　中央教育審議会の答申には「国語科のみならず各教科等において、記録、要約、説明、論述といった言語活動を発達の段階に応じて行うことが重要[(3)]」とあり、各教科の目標と指導事項との関連を図りながら、単に話したり聞いたり書いたり読んだりという活動にとどまらない、知的活動やコミュニケーションの基盤である言語としての役割をふまえた言語活動の充実を求めたのでした。

1-4　言語活動の充実が求められた背景

　ここで各教科での言語活動の充実が求められた背景の一つには、OECD（経済協力開発機構）が実施する PISA 調査（生徒の学習到達度調査）の結果から見られる、日本の児童・生徒の学習にかかる課題があります。

　OECD では教育の分野での調査研究もおこなっており、その一つが2000年に初めて実施された義務教育終了段階の15歳を対象にした PISA 調査です。この調査では生徒の「読解力」「数学的リテラシー」「科学的リテラシ

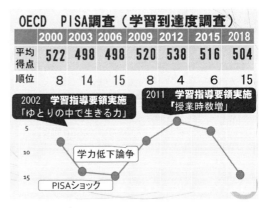

図1　PISA調査
（出典：国立教育政策研究所「OECD生徒の学習到達度調査
（PISA）」〔https://www.nier.go.jp/kokusai/pisa/〕〔2020年2月
1日アクセス〕をもとに筆者作成）

ー」の3分野を調査しますが、ここで使われている問題は、「学校で何を学
んだか」ではなく、「学校で学んだ知識・技能を活用して何ができるか」を
問う問題、つまり生徒の「知識」ではなく「活用する力」をみる問題です。
「読解力」の調査結果を取り上げてみると、第1回の2000年調査では、日本
の生徒の平均得点は522点、全体で8位という結果です。しかし、第2回の03
年調査では平均得点は498点、全体で14位、続く第3回の06年調査でも平均
得点が498点、全体で15位と第1回に比べて大きく順位を落とします。この
結果から、日本の生徒の学力が低下しているのではないかという議論がわき
起こり、PISAショックと呼ばれました。そしてこのあと、児童・生徒の学
力向上に向けた対策を講じることの必要性を論じるようになります。

　こうしたなか、2008年1月には学習指導要領の改訂について中央教育審議
会の答申が出され、このなかで、PISA調査での日本の生徒の回答状況から、
「子どもたちの学力は、全体としては国際的に上位にあるが、読解力や記述
式問題に課題がある。読解力や記述式問題の無答率が高い」といった問題点
が示されました。

1-5　学習指導要領における言語活動の充実

　これらを受けて改訂されたのが、2008年に告示された学習指導要領です。

読解力や記述問題に課題があり、さらにそれらの無答率が高い。これらを
どう解決していくか、学習指導要領では、第1章総則第1の1「教育課程編成
の一般方針」として次のように述べています。

　　基礎的・基本的な知識及び技能を確実に習得させ、これらを活用して課
　　題を解決するために必要な思考力、判断力、表現力その他の能力をはぐ
　　くむとともに、主体的に学習に取り組む態度を養い、個性を生かす教育
　　の充実に努めなければならない。その際児童の発達の段階を考慮して、
　　児童の言語活動を充実する (4)(略)

　さらに同第4「指導計画の作成等に当たって配慮すべき事項」では、

　　各教科等の指導に当たっては、児童の思考力、判断力、表現力等をはぐ
　　くむ観点から、基礎的・基本的な知識及び技能の活用を図る学習活動を
　　重視するとともに、言語に対する関心や理解を深め、言語に関する能力
　　の育成を図る上で必要な言語活動を整え、児童の言語活動を充実するこ
　　と。(5)

として、児童・生徒の「思考力・判断力・表現力等」を育むために、各教科
を貫いた「言語活動の充実」を展開することが求められることになりました。
　そして、この「言語活動の充実」については国語科以外の各教科でも、
・「持続可能な社会を形成するという観点から、私たちがよりよい社会を築
いていくために解決すべき課題を探究させ、自分の考えをまとめさせる」
〔社会〕
・「数学的な表現を用いて根拠を明らかにし筋道立てて説明し伝え合う」と
いった数学的活動の充実〔数学〕
・「問題を見いだし観察、実験を計画する学習活動、観察、実験の結果を分
析し解釈する学習活動、科学的な概念を使用して考えたり説明したりするな
どの学習活動」〔理科〕
・「生活における課題を解決するために言葉や図表、概念などを用いて考え
たり、説明したりするなどの学習活動」〔技術・家庭〕
・「問題の解決や探究活動の過程においては、他者と協同して問題を解決し

ようとする学習活動や、言語により分析し、まとめたり表現したりするなどの学習活動が行われるようにすること」〔総合的な学習の時間〕（中学校学習指導要領解説総則編）

など、「言語活動の充実」の具体的内容についても述べています。

しかし、これらの「言語活動の充実」を考えるとき、実際に学習をおこなってみると児童・生徒にとっても教える教員にとっても容易でないことがわかります。なぜなら、「解決すべき課題を探究」したり「筋道立てて説明し」たり「結果を分析し解釈し」たり「まとめたり表現し」たりといった活動は、児童・生徒一人ひとりがそうした学習をおこなうことができる技能を身につけていて、はじめて展開できる活動だからです。

ですから、例えばいわゆる調べ学習の授業を展開するとき、児童・生徒が課題の解決にふさわしい資料を見つけたものの、その資料の内容をまとめようとしてまとめることに苦戦し、その結果資料を丸写しする姿を見ることは決してまれなことではありません。あるいは、調べ学習の発表の際に作成した掲示資料を前にして、せっかく作った資料を指し示すこともなく、前もって書いておいた発表原稿を棒読みするような発表も散見されます。

1-6　言語活動の充実のために必要な学習の技能

こうした状況を改善するために必要なのは、まず言語活動を展開する際に必要な技能を児童・生徒に身につけさせることです。

このことを、図2のように探究的な学習を展開するプロセスのなかで考えてみます。「教科の枠を超えた横断的・総合的な学習や探究的な活動を通す」とされている総合的な学習の時間に示されている用語を用いると、課題の設定からまとめ・表現まで次のような学習プロセスをたどります。

児童・生徒はまず、興味・関心に基づいて課題を見つけて自分の学習課題として設定します。次にその課題を解決するために、例えばメディア資料などから必要な情報を取り出して収集します。さらにそれらの情報を整理・分析して、例えば発表資料などにまとめて、作成した資料に基づいて発表する、といった学習プロセスをたどっていきます。

しかし例えばこの過程のなかの課題の設定の段階では、課題設定の仕方がわからないと、子どもたちはどうやって自分の課題を決めたらいいかわかりません。また、必要な情報をメディア資料などから収集する際には、資料の

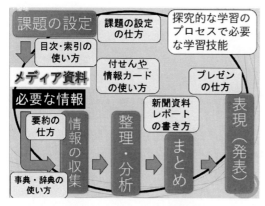

図2　探究的な学習のプロセスで必要な学習技能

探し方がわからなければ、必要な情報にアクセスすることは難しいものです。さらに、整理・分析の段階では情報の整理をすることができなければ、取り出した情報の羅列に終わってしまいます。加えて、まとめ方や発表の仕方がわからなければ、せっかく学習しても学習した成果を十分に人に伝えることは困難です。

　ですから、課題の設定場面では例えばウェビングなどを用いた課題設定の仕方を、また情報の収集段階で図書資料を使う際には、図書資料の分類法であるNDC（日本十進分類法）の知識や目次・索引の使い方などを身につけておく必要があります。さらに整理・分析の段階では、例えば情報整理のためのツールともなる付箋や情報カードの使い方に慣れていくと、収集した情報があちらこちらにただ散在するだけといった状況を避けることができます。また、要約の仕方がわかっていれば丸写しをすることがなくなります。そして、まとめや発表の段階では、例えば新聞やリーフレット、レポートへのまとめ方や、発表フリップやポスターの作り方を会得すれば、人に伝わりやすい資料を作成して発表することができます。

1-7　学習の技能を体系的に指導する

　しかしこれらの技能について必要になるそのたびに、各教科の授業のなかで個々の教員が一つひとつ身につけさせていくのは、指導計画に沿って授業を実施していくなかで容易なことではありません。また、必要性を感じた教

員が、それに応じて別々にスキルの指導をすれば指導の重複が出てくる可能性もあります。

　こうした状況を防ぐために有効な方法は、探究的な学習のプロセスのなかで必要な学習技能（スキル）を学年を追って系統的に指導することです。全国学校図書館協議会が2004年に策定した「情報・メディアを活用する学び方の指導体系表(6)」では、こうした技能を小学校から高校まで学年を追って示しています。そしてこの表をもとにして、さまざまな団体や学校その他が、アレンジや工夫を加えながら児童・生徒の状況、使用する教科書の内容を加味して「学び方指導の体系表」を作成し、指導に生かしています。そのひとつ松江市学校図書館支援センターが作成した「学び方指導体系表」は松江市教育委員会のウェブサイトに掲載されています。

1-8　言語活動を支える学校図書館活用教育

　これまで、「学校図書館を活用した授業」というと、ともすると学校図書館の本を使って調べ学習を展開するイメージでとらえられてきました。しかし、ここまでに示したように学校図書館活用教育には、それだけでなく、資料の集め方や調べ方、まとめ方、報告や発表の仕方などの学習技能や、どうやって学ぶかという方法を身につけることも含まれます。そして、それらは教科での「言語活動の充実」をしっかり支えていく力だということができます。

1-9　「主体的・対話的で深い学び」と言語活動

　旧学習指導要領が告示され、新たな教育課程に基づいた教科指導の展開が始まった当初、「言語活動の充実」という言葉が先行してしまったために、特に小・中学校では言語による話し合い活動を充実しようと、「ペア対話」や「グループでの話し合い」を単元や授業のねらいとは切り離して設定し、形だけの活動になってしまっている学習も散見されました。

　一方高等学校では、2016年8月に出された「次期学習指導要領に向けたこれまでの審議のまとめ」に「教材への依存度が高く、主体的な言語活動が軽視され、依然として講義調の伝達型授業に偏っている傾向があり、授業改善に取り組む必要がある(7)」とあるように、授業での言語活動そのものが浸透しにくい状況がありました。

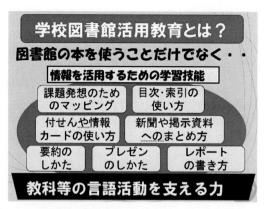

図3　学校図書館活用教育とは？

　2017年3月に告示された新学習指導要領では、「主体的・対話的で深い学び」が授業改善の視点として示されました。20年度に予定されている大学入試改革で、知識の量を問うたこれまでの大学入試センター試験から、思考力・判断力・表現力を問う「大学入学共通テスト」に転換が図られることもあって、今回は高校での授業改革が進むことが予想されます。また、指導要領の改訂に向けた中教審の審議が始まった当初は「アクティブ・ラーニング」という言葉が新指導要領のキーワードとして用いられて各学校にも浸透していましたが、前回の改定当初のような指導の形を追う誤解を生まないように、新指導要領では「主体的・対話的で深い学び」という授業改善の視点が示されるようになりました。

　2017年3月に告示された新指導要領の総則の第1「小学校（中学校）教育の基本と教育課程の役割」では、この「主体的・対話的で深い学び」の実現に向けた授業改善を通して、児童・生徒の「知・徳・体」を育成するために次の事項の実現を図り、生徒に生きる力を育むことを目指すとしています。

　　基礎的・基本的な知識及び技能を確実に習得させ、これらを活用して課題を解決するために必要な思考力、判断力、表現力等を育むとともに、主体的に学習に取り組む態度を養い、個性を生かし多様な人々との協働を促す教育の充実に努めること。その際、生徒の発達の段階を考慮して、生徒の言語活動など、学習の基盤をつくる活動を充実するとともに、家

庭との連携を図りながら、生徒の学習習慣が確立するよう配慮すること。⁽⁸⁾

つまり、現行の指導要領で示されている学力の3要素に加えて他者との協働を促す教育の充実に努めること、その際には児童・生徒の言語活動など学習の基盤をつくる活動を充実することが求められています。

これによって現行の指導要領に基づいて進められてきた授業改善と異なる学習内容や指導方法が求められているのではなく、2017年3月に新学習指導要領の改正に合わせて出された文部科学省事務次官の通知のなかで「小・中学校においては、これまでと全く異なる指導方法を導入しなければならないなどと浮足立つ必要はなく、これまでの教育実践の蓄積をしっかりと引き継ぎ、子どもたちの実態や教科等の学習内容等に応じた指導の工夫改善を図ること」とあるように、旧指導要領の改訂時以降各学校などで工夫されてきた言語活動を通して、「主体的・対話的で深い学び」を実現する授業の改善が求められているのです。

1-10　学校図書館で展開する探究的な学習

前述の新学習指導要領総則の第3には「主体的・対話的で深い学びの実現に向けた授業改善」として、「(7) 学校図書館を計画的に利用しその機能の活用を図り、生徒の主体的・対話的で深い学びの実現に向けた授業改善に生かすとともに、生徒の自主的、自発的な学習活動や読書活動を充実すること」とあります。学校図書館は言語活動を支える学習技能（スキル）を学ばせる場であると同時に、課題の解決に向けた探究的な学習を展開する場でもあります。

ただ、探究的な学習はすべての教科のすべての単元で展開する学習というものではなく、習得・活用・探究のバランスを考慮に入れながら、教科などのねらいに沿って計画的に展開する必要があります。

また、そのプロセスにしても、課題の設定→情報の収集→整理・分析→まとめ・表現という学習を必ず通過するものでもなく、単元によって課題は教師が設定したり、本来なら子どもたちが収集する情報を教師が準備したりすることもあります。

ともあれ、学校図書館でこうした探究的な学習を展開するためには、教師が「探究的な学習」での学習の展開についてあらかじめイメージしておくこ

とは不可欠です。

2　学校図書館を活用した授業をイメージする

　本節では学校図書館活用教育をイメージするために、教職員に向けた研修としての探究的な学習を説明します。実際に学校図書館を活用して展開する学習をイメージするためには理論を学ぶことも必要ですが、理解を容易にするためには、実際に「やってみる」ことが早道です。ここでは「「立体リーフレット」で伝えよう」という学習を想定し、グループで実施するワークショップを展開します。

2-1　ワークショップの概要

①想定する学習
・教科など
　総合的な学習の時間
・学年
　小学校高学年─中学校
・内容
「身近に起きる疾病やけがの予防について「立体リーフレット」で人に伝えよう」
・学習の段階
「身近に起きる疾病やけがの予防について調べて発表する」という探究課題を設定し、「熱中症の予防」について調べていたところ、2つの資料が見つかりました。これらの資料から必要な情報を収集して整理し、「立体リーフレット」にまとめて発表します。

②学習の流れ
・課題の設定
　探究課題「身近に起きる疾病やけがの予防」を調べるなかで発見した「熱中症の予防」についてまとめます。
・情報の取り出し

写真1　立体リーフレット

「熱中症」について書かれた2つの資料の内容をグループの4人で付箋にまとめます。
・分析、整理
　4人それぞれが書いた付箋を持ち寄り、内容を整理して4つのまとまりに構成します。
・まとめ、表現
　4つの記事にまとめてリーフレットに仕上げます。

2-2　ワークショップの準備

　立体リーフレットは、調べ学習などで調べてまとめたことを発表するときの提示資料のひとつです。発表資料としては新聞やポスター、フリップ、パソコンによるプレゼンテーション用スライド資料などさまざまな形があり、学習のねらいや児童・生徒の実態に合わせて使い分けをします。この立体リーフレットは図書館の棚や教室後ろのロッカーに立てて展示するとともに、手に取って見ることができる資料です。

①準備するもの
・4人一組のグループで作業できる机

図4 立体リーフレットに4つの記事を配置する

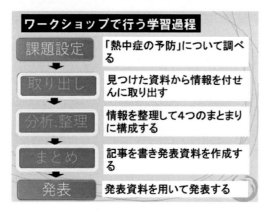

図5 ワークショップでおこなう学習過程

・A4判色厚上質紙（0.25ミリ超厚口以上）1枚［立体リーフレット台紙］

　4人一組で学習を進めますが、最終的には1人が1記事を担当し、記事にまとめたものを4枚、写真のようにリーフレットの台紙に貼ります。台紙上部にはタイトルを書き、リーフレットはジャバラの形に折ることによって、立体的に置けるようにします。

　立てておくためには、画用紙では倒れるので、色上質紙の紙厚0.25ミリ以上のものを使います。ジャバラの形にするために、台紙を横置きにして左右の真ん中で山折りしてからの両端を山折り線に合わせて折り、上から見て

66

「W」の形になるように折り目をつけておきます。タイトルのスペースを立体的に確保するために、上辺から35ミリのところを左右73ミリずつ残して上辺と平行に切れ目を入れます。

・コピー用紙［立体リーフレット原稿用］

　立体リーフレットの台紙に貼る原稿を書くための用紙です。一般的なコピー用紙を裁断し、170ミリ×70ミリの用紙を2枚、14ミリ×85ミリを2枚作成しておきます。

・色水性ペン（6色程度）

・はさみ、のり

・付箋7.5センチ×7.5センチのもの（1人につき15枚程度）

・図書などの資料（素材文）

2-3　ワークショップの流れ

　ここで実施するワークショップにかかる時間は、おおむね1時間20分です。

①課題の設定

> 「熱中症の予防」について調べて発表資料を作成します。

　本来であれば、課題の設定から展開する探究的な学習ですが、ここではあらかじめ「熱中症の予防」という課題を設定して、これについて発表資料を作成します。

②情報の取り出し

> 「熱中症」について書かれた2つの資料の内容をグループの4人で付箋にまとめます。

　素材文を読んで、その内容を付箋にまとめます。ここでは次に掲げる素材文を使用します。

　まず、文章のキーワードやキーセンテンスと思われる部分を拾い出して、アンダーラインを引きます。このとき、一文全体にアンダーラインを引くことはせず、できるだけ短いまとまりを拾うようにします。そして、図や絵、「→」や「＝」などの記号や文字囲みなどを使いながら、拾い出した言葉をまとめることによって、その部分で述べられていることを1枚の付箋に表現します。

熱中症

資料Ⅰ

　熱中症は、暑い環境の中で体温調節が追いつかず、高体温や脱水症状などさまざまな体の不調を起こす総称。重症の場合は、体温調節が機能しなくなり、意識障害を起こして死に至ることもあるという。

　熱中症予防として、「ややきつい運動の後で牛乳を飲む」のを推奨するのは信州大学の能勢博教授（スポーツ医科学）だ。能勢教授が勧める運動は、早歩きと普通歩きを3分ずつ交互に繰り返す「インターバル速歩」。

　やや涼しい環境で1日15～30分のインターバル速歩をした後、30分以内に、高齢者は牛乳をコップ1杯、若者は2～3杯飲むと、1～4週間後には血液の量が増え、体温の調節機能が改善して熱中症になるリスクが下がるという。

　脱水症状を防ぐためには、運動前にはコップ2杯の水を飲み、体調を考慮しながら決して無理をしないことが大事だ。もし脱水症状になった場合のために備えておきたいのが点滴と同じ効果がある「経口補水液」だ。神奈川県立保健福祉大の谷口英喜教授によると体から放出した汗や尿などの体液と同じように、水分とブドウ糖、ナトリウムイオンなどの電解質を含んでいるという。

　薬局などで市販されているが、家で作ることもできる。水1リットルに対し、砂糖40グラム、塩3グラム。谷口教授は「普段、健康な時に飲むとしょっぱく感じるが、脱水症状の時に飲むと甘く感じる。いざというときのために常備しておいてほしい」と話す。

（「暑さに負けない体づくりを——熱中症予防のポイント」「山陰中央新報」2012年7月3日付から一部改）

資料Ⅱ

　暑い環境下で長時間の運動時、多量に発汗することなどによる脱水や塩分の損失は、めまいや疲労感、虚脱感、頭痛、吐き気などの症状を引き起こすことがあります。同時に血圧低下や皮膚蒼白、多量の発汗などのショック症状がみられることもあります。

このような時には意識の確認や呼吸の確認を行い、問題がなければ体温を下げるために体を冷却します。炎天下であれば風通しの良い日陰や冷房の効いた場所へ運び、衣服をゆるめます。そして氷のうやアイスパックなどを使って、動脈が表皮に近い頸部、腋窩部や股下部を冷やすようにすると効果的です。また体表面に水を霧状に散布し、うちわであおぐことも有効です。吐き気がなければ水分も補給します。また、回復したと思っても運動は中止し、ただちに医療機関に送ることが大切です。

　（田中英登『知って防ごう熱中症——正しい予防と迅速な処置のために』〔ビジュアル版：新体と健康シリーズ〕、少年写真新聞社、2008年、一部改）

　資料Ⅰの部分をまとめると、例えば次のように6枚の付箋になります。人によってまとめ方はそれぞれですから、5枚程度にまとまる人も、7枚以上になる人もいます。ただ注意したいのは、1枚の付箋に多くの情報を書きすぎないことです。

　これらの付箋が素材文の内容をうまくまとめているかを確かめるために非常に大切なことは、付箋だけを見ながら素材文で表現している内容になるように、つぶやいてみることです。このつぶやきが「要約」です。例えば、図7の①と②の付箋に並んでいる言葉を、意味が通るようにつないで、つぶやいてみます。

「熱中症は体温調節が追いつかずに起きる高体温や脱水症状などの総称で、重症になると体温調節が機能しなくなり、意識障害を起こして死亡することもある」。例えばこんなふうにつぶやくことができれば、素材文の第1段落の要約となり、付箋の①と②は素材文の内容をうまくまとめていることになります。

　以下、③と④をまとめると、

「予防には、早歩き3分、普通歩き3分を繰り返すインターバル速歩の後で牛乳を飲むことが効果的で、15分から30分の速歩の後、高齢者なら1杯、若者なら2〜3杯の牛乳を飲むことによって、1〜4週間後には血液量が増えたり体温調節機能が改善したりするなど、熱中症のリスクが低下する」

となります。

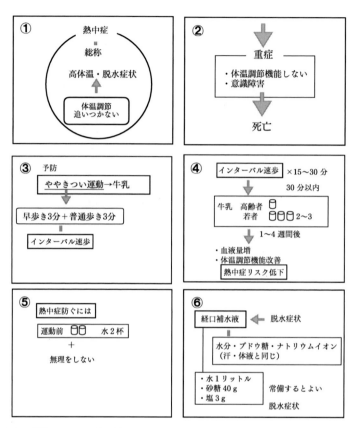

①
熱中症
＝
総称
↑
高体温・脱水症状
↑
体温調節
追いつかない

②
⬇
重症
・体温調節機能しない
・意識障害
⬇
死亡

③ 予防
ややきつい運動→牛乳
⬇
早歩き3分＋普通歩き3分
⬇
インターバル速歩

④
インターバル速歩 ×15～30分
30分以内
牛乳 高齢者 □
若者 □□□ 2～3
⬇ 1～4週間後
・血液量増
・体温調節機能改善
熱中症リスク低下

⑤
熱中症防ぐには
運動前 □□ 水2杯
＋
無理をしない

⑥
経口補水液 ← 脱水症状
水分・ブドウ糖・ナトリウムイオン
（汗・体液と同じ）
・水1リットル
・砂糖40g 常備するとよい
・塩3g 脱水症状

図6　付箋へのまとめ方の例

　このときもし、うまく文章がつながらない、つぶやけない、といったことがあれば、付箋に書き出した言葉が不足していますから、その場合は素材文に立ち返ってもう一度読み、必要な言葉を付箋に追加します。また、時間が許せばグループ内で自分の要約を伝え合うことも、要約の仕方を理解するうえで有効です。

　要約のための素材文は図書資料、新聞、パンフレットやリーフレットなど無限にあります。また全国学力・学習状況調査国語科の問題に使われる説明的文章などは吟味された文章なので、要約の素材として適しています。特に図や表などに表しやすい内容の文章は、今回の立体リーフレットにまとめる

ような発表資料の作成には最適です。

　このとき、時間に余裕があれば資料Ⅱのように同じ題材を扱った別の資料を用意して、これも含めて付箋にまとめることによって、複数資料から情報を取り出してまとめるイメージをもつことができます。

③分析・整理

> 4人それぞれが書いた付箋を持ち寄り、内容を整理して4つのまとまりに構成します。

　4人が付箋に情報を取り出すことができたところで、机を囲んで順番に、書いた付箋について簡単に説明しながら、1枚ずつ机の上に貼っていきます。4人が同じように繰り返しますが、似たような内容の付箋は同じところに貼るようにします。4人の説明が終わると、枚数の多少はあるにしても、合計20数枚の付箋がある程度グループ化されて机上に並んでいるはずです。

　立体リーフレットは4つの記事で構成するため、机上に貼った付箋を図7のように4つのグループに分けます。話し合いのなかで、熱中症についてわかりやすく伝えるためには、付箋をどのようにグループ化すれば効果的かを考えます。その際、限られたリーフレットのなかには載せきれない情報を書いた付箋もあるので、話し合いのなかでそうした付箋を除きます。4つのグループに分けることができたら、それぞれのグループに見出しをつけて、さらに、誰がどのグループの記事化を担当するか、またそれぞれを立体リーフレットのどの位置に配置すると伝えるのに効果的かも話し合います。

④まとめ・表現

> 4つの記事にまとめてリーフレットに仕上げます。

　自分が担当になった付箋のグループを持ち帰り、原稿用の紙に記事を書いていきます。その際、文字だけでなく図や表、絵なども取り入れると視覚的に訴えるインパクトをもちます。記事ができたところで、台紙の左右に縦置きで、中央に横置きで記事を貼り付けます。最後に、立体リーフレットの上部にタイトルを書きます。キャッチコピーのように一目で内容がわかるタイトルをつけると、人に伝えるために効果的です。山折り線にしたがって中央を折り、上部のタイトル部分を山折り線部で谷折りにすることで、立体リー

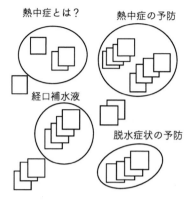

図7　付箋を4つのグループに分けて見出しをつける

フレットが完成します。

2-4　「立体リーフレット」を通して目指す学習指導とつけたい力

「立体リーフレット」は学校図書館で展開する探究的な学習での一つのゴールの形であり、作成する過程で言語活動を展開したり話し合いの活動を導入することによって、「主体的・対話的で深い学び」の実現を目指します。また、作成の過程で目指すねらいについては、新学習指導要領国語科との関連で、次のようなものが考えられます。

○引用したり、図表やグラフなどを用いたりして、自分の考えが伝わるように書き表し方を工夫する。（高学年　B書くこと　指導事項エ）
○学校図書館などを利用し、複数の本や新聞などを活用して、調べたり考えたりしたことを報告する。（高学年　C読むこと　言語活動ウ）
○本や資料から文章や図表などを引用して説明したり記録したりするなど、事実やそれをもとに考えたことを書く。（中1　B書くこと　言語活動ア）
○学校図書館などを利用し、多様な情報を得て、考えたことなどを報告したり資料にまとめたりする。（中1　C読むこと　言語活動ウ）
○目的や意図に応じて、社会生活のなかから題材を決め、多様な方法で集めた材料を整理し、伝えたいことを明確にする。（中2　B書くこと　指導事項ア）
○本や新聞、インターネットなどから集めた情報を活用し、出典を明らかに

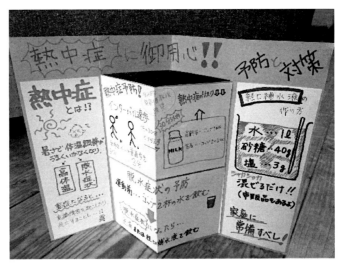

写真2　熱中症の立体リーフレット

しながら、考えたことなどを説明したり提案したりする。(中2　C読むこと
言語活動ウ)
○情報を編集して文章にまとめるなど、伝えたいことを整理して書く。(中3
B書くこと　言語活動イ)

　また、立体リーフレット作成のプロセス「情報収集」の段階でおこなう
「要約」は国語科に限らず、情報をまとめようとする際には必要になる大切
な言語技能の一つであり、資料から情報を取り出すときになくてはならない
力です。
　今回は付箋を使いますが、ここに書く内容は調べ学習の際に図書資料など
から情報を取り出すときに使う、いわゆる「情報カード」に書く内容と同一
のものです。情報カードは情報を取り出すためのメモカードであり、キーワ
ードやキーセンテンスを箇条書きで書いたり、記号や図を用いたりして大切
なことをまとめますが、この付箋も全く同じように使います。ただ、ワーク
ショップのなかでは4人で持ち寄って構成を考えるために、貼り付けが可能
な付箋を使っているわけです。

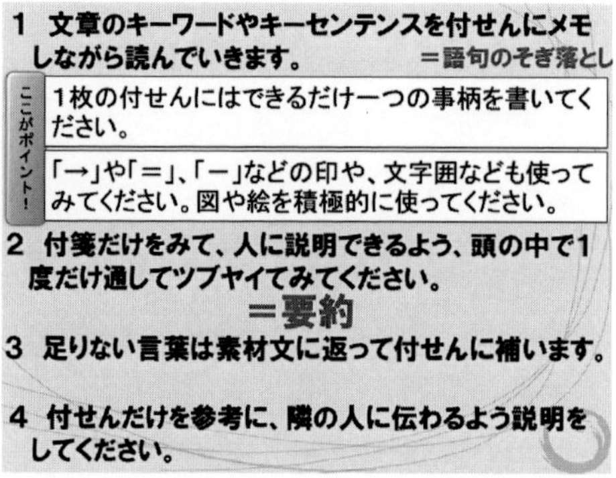

1 文章のキーワードやキーセンテンスを付せんにメモしながら読んでいきます。 ＝語句のそぎ落とし

ここがポイント！ 1枚の付せんにはできるだけ一つの事柄を書いてください。

「→」や「＝」、「－」などの印や、文字囲なども使ってみてください。図や絵を積極的に使ってください。

2 付箋だけをみて、人に説明できるよう、頭の中で1度だけ通してツブヤイてみてください。 ＝要約

3 足りない言葉は素材文に返って付せんに補います。

4 付せんだけを参考に、隣の人に伝わるよう説明をしてください。

図8　要約の手順

　新学習指導要領の小学校国語中学年の「C　読むこと」の指導事項には、「(1) ウ 目的を意識して、中心となる語や文を見つけて要約すること」とあります。また今回の改訂によって新設された〔知識および技能〕の指導事項である「情報の扱い方に関する事項」では、「(2) 話や文章に含まれている情報の扱い方に関する事項を身に付けることができるよう指導する」として、具体的には「イ 比較や分類の仕方、必要な語句などの書き留め方、引用の仕方や出典の示し方、辞書や事典の使い方を理解し使うこと」を指導することが求められています。さらに同解説では、この指導事項について、「必要な語句とは情報を集めたり、発信したりする場合には落としてはいけない語句である。それらを書き留めるためには、目的を意識して必要な語句を判断することが必要となる。したがって、話の文章の内容を網羅的に書き出したり、機械的にメモの取り方を覚えたりするのではなく、必要な情報は何かということを念頭に置きながら、落としてはいけない語句を適切に捉え、それらを書き留めることが重要となる」とあり、文章から情報を取り出す際に、丸写しをしないための技能の習得が求められています。加えて、中学校国語第1学年の「C　読むこと」の指導事項にも「(1) ウ 目的に応じて必要な情報に着目して要約したり（略）して、内容を解釈すること」とあり、「要約」は国語科の学習で必ず取り扱うこととされています。しかし、小学校と中学校の授業でそれぞれ一度ずつ要約を扱っても、児童・生徒に要約する力は身につきません。国語科に限らず、そのほかの教科および総合的な学習の時間などの学習活動のなかで、適切な機会をとらえて取り上げることが肝要

です。

注

(1) 学校教育法（昭和22年法律第26号）第30条 第2項。

(2) 学校教育法施行規則（昭和22年文部省令第11号）第52条中学校と高等学校も同様。

(3) 中央教育審議会「幼稚園、小学校、中学校、高等学校及び特別支援学校の学習指導要領等の改善について（答申）」2008年1月17日（http://www.mext.go.jp/b_menu/shingi/chukyo/chukyo0/toushin/__icsFiles/afieldfile/2009/05/12/1216828_1.pdf）［2020年2月1日アクセス］

(4) 文部科学省『学習指導要領 平成20年3月告示』東京書籍、2008年、13ページ

(5) 同書16ページ

(6) 全国学校図書館協議会「情報・メディアを活用する学び方の指導体系表」2004年（http://www.j-sla.or.jp/pdfs/material/taikeihyou.pdf）［2020年2月1日アクセス］

(7) 文部科学省「次期学習指導要領等に向けたこれまでの審議のまとめ（第2部）（国語、社会、地理歴史、公民）」2018年（http://www.mext.go.jp/component/b_menu/shingi/toushin/__icsFiles/afieldfile/2016/09/09/1377021_1_3.pdf）［2020年2月1日アクセス］

(8) 文部科学省「中学校学習指導要領（平成29年告示）」（http://www.mext.go.jp/component/a_menu/education/micro_detail/__icsFiles/afieldfile/2018/05/07/1384661_5_4.pdf）［2020年2月1日アクセス］

参考文献

塩谷京子／堀田龍也編著『司書教諭が伝える言語活動と探究的な学習の授業デザイン』三省堂、2013年

第5章　学校図書館と合理的配慮

野口武悟

1　特別な支援を必要とする児童・生徒の増加

　初等・中等教育段階の学校の全児童・生徒に占める障害がある児童・生徒の割合は、年々漸増傾向にあります。また、母語を異にする外国人児童・生徒など日本語能力に応じた支援が必要な児童・生徒も増えつつあります。

1-1　障害がある児童・生徒

　障害がある児童・生徒は、義務教育段階で見ると、全児童・生徒の3.58%（約36.2万人）です。このうち、特別支援学校に学ぶ児童・生徒は0.69%（約7万人）であり、残りの2.89%（約29.1万人）は小学校・中学校（特別支援学級、通級による指導）で学んでいます（2015年度）。つまり、障害がある児童・生徒は、特別支援学校よりも小学校・中学校のほうに多く学んでいるのが現状です（図1）。このほかに、小学校・中学校の通常の学級には、発達障害の可能性がある児童・生徒が6.5%程度（どの学級にも2人程度）学んでいると推計されています。発達障害のなかでも、学習障害（LD）の児童・生徒のおよそ80%はディスレクシアという読み困難の状態にあるとされています。

　以上から、義務教育段階では、特別支援学校はもちろんのこと、どの小学校・中学校でも障害がある児童・生徒が学んでいる可能性が高く、学校図書館としても障害がある児童・生徒のさまざまなニーズにしっかりと応えていく必要があります。

　なお、高等学校段階でも同様の傾向にあり、2018年度からは高等学校でも通級による指導を新たに導入することになりました。高等学校の学校図書館でも、発達障害を中心に障害がある生徒への対応は待ったなしです。

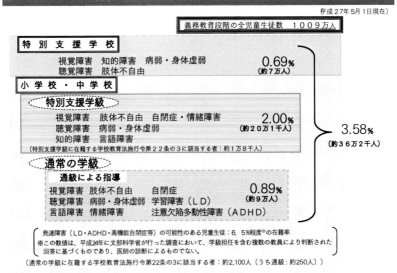

平成27年5月1日現在)

義務教育段階の全児童生徒数　1009万人

特 別 支 援 学 校

視覚障害　知的障害　病弱・身体虚弱　　　0.69%
聴覚障害　肢体不自由　　　　　　　　　　(約7万人)

小 学 校・中 学 校

特別支援学級

視覚障害　肢体不自由　自閉症・情緒障害　　2.00%
聴覚障害　病弱・身体虚弱　　　　　　　　(約20万1千人)
知的障害　言語障害

(特別支援学級に在籍する学校教育法施行令第22条の3に該当する者：約1万8千人)

通常の学級

通級による指導

視覚障害　肢体不自由　　自閉症　　　　　0.89%
聴覚障害　病弱・身体虚弱　学習障害（LD）　(約9万人)
言語障害　情緒障害　　　注意欠陥多動性障害（ADHD）

3.58%
(約36万2千人)

発達障害（LD・ADHD・高機能自閉症等）の可能性のある児童生徒：6.5%程度※の在籍率
※この数値は、平成24年に文部科学省が行った調査において、学級担任を含む複数の教員により判断された
回答に基づくものであり、医師の診断によるものでない。

(通常の学級に在籍する学校教育法施行令第22条の3に該当する者：約2,100人（うち通級：約250人）)

図1　特別支援教育の対象の概念図（義務教育段階）
(出典：初等中等教育局特別支援教育課「特別支援教育の対象の概念図（義務教育段階）」「特別
支援教育について」文部科学省〔http://www.mext.go.jp/a_menu/shotou/tokubetu/__icsFiles/afi
eldfile/2017/02/21/1236746_01.pdf〕〔2019年8月1日アクセス〕)

1-2　日本語能力に応じた支援を必要とする児童・生徒

　日本語能力に応じた支援を必要とする児童・生徒としてはまず、母語を異
にする外国人児童・生徒がいます。2016年度で、初等・中等教育段階の学
校に約3.4万人が学んでいて、このうち、約5,000人が日本語学級などの特別
の教育課程で学んでいます。母語別では、ポルトガル語を母語とする児童・
生徒が約25.6%と最も多く、次いで中国語、フィリピン語、スペイン語とな
っていて、母語を異にする外国人児童・生徒の約78%が、これら4言語で占
められています。
　また、国籍は日本ですが日本語能力に応じた支援を必要とする児童・生徒
も約9,600人います。長期間外国で生活をしてから日本に帰国した児童・生
徒や、保護者の国際結婚などによって家庭内言語が日本語以外の児童・生徒
などです。

学校図書館としては、日本語や日本文化の学習に資する資料を提供するとともに、ルーツがある国・地域の言語で書かれた資料の収集と提供にも留意する必要があります。

2　ノーマライゼーションの潮流

2-1　ノーマライゼーションとインクルーシブ教育

　1960年代に北欧諸国で提起されたノーマライゼーション[(1)]の思想は、いまや多くの国々の社会政策のベースになっています。日本でも、社会のさまざまな面でのバリアフリーやユニバーサルデザイン（3-2で詳述）、インクルージョン[(2)]やダイバーシティ[(3)]など、ノーマライゼーションを実現するための取り組みが進みつつあります。このうち、インクルージョンは、障害がある児童・生徒の多くが小学校・中学校で学ぶ現状の背景の一つにもなっています。文部科学省では現在、学校教育でのインクルージョン、すなわちインクルーシブ教育を積極的に推進しています。

　こうした思想や取り組みを包含した「障害者の権利に関する条約」が2006年12月に国際連合の総会で採択されました。14年1月には、日本もこの条約を批准しています。

2-2　障害者差別解消法の施行と合理的配慮の義務化

　日本政府は「障害者の権利に関する条約」の批准にあたり、「障害を理由とする差別の解消の推進に関する法律」（以下、障害者差別解消法と略記）を制定しました。障害者差別解消法では、国公立学校を含む行政機関などに障害がある人への「合理的配慮」[(4)]を義務化するとともに、これらの機関が「合理的配慮」を的確におこなうための「基礎的環境整備」に努めることにしました。

　合理的配慮とは、「障害者の権利に関する条約」では「障害者が他の者との平等を基礎として全ての人権及び基本的自由を享有し、又は行使することを確保するための必要かつ適当な変更及び調整であって、特定の場合に必要とされるものであり、かつ、均衡を失した又は過度の負担を課さないものをいう」[(5)]（第2条）と定義しています。学校に即してわかりやすくいえば、障害

がある人一人ひとりの求めをもとに、状況や場面に応じた変更や調整を、校内の体制や費用などの負担が過大でない範囲でおこなうことといえます。

　基礎的環境整備については、障害者差別解消法では「社会的障壁の除去の実施についての必要かつ合理的な配慮を的確におこなうため、自ら設置する施設の構造の改善及び設備の整備、関係職員に対する研修その他の必要な環境の整備に努めなければならない」⁽⁶⁾（第5条）と規定しています。

　改めて、基礎的環境整備と合理的配慮の関係性を学校図書館に即して整理しておきましょう。基礎的環境整備は、合理的配慮の的確な提供に向けての環境づくりのことであり、図書館サービスのうち間接サービスにあたる取り組みといえます。一方で、合理的配慮は障害がある人一人ひとりの求めをもとにした変更や調整といった個別の対応のことなので、直接サービスにあたる取り組みといえるでしょう。つまり、基礎的環境整備は合理的配慮の土台ということです。両者は不可分の関係であって、基礎的環境整備を着実に進めていくことで提供できる合理的配慮の幅を広げることができるのです。

3　学校図書館の基礎的環境整備

　基礎的環境整備として、学校図書館ではどのようなことに取り組んでいったらいいのでしょうか。必要な取り組みとしては、以下のような諸点があげられるでしょう。
①担当職員の意識と理解の向上
②施設・設備の改善（バリアフリー化）
③読書補助具・機器の導入
④アクセシブルな資料の収集と提供

　もちろん、これらは主だったものをあげたのであって、これらですべてというわけではありません。校種や学校の規模、児童・生徒のニーズなどによって、これら以外にも取り組むべき内容が出てくる可能性があることに常に留意しなければなりません。

3-1　担当職員の意識と理解の向上

　司書教諭や学校司書のすべてが、特別支援教育や合理的配慮についての基

礎的な知識を有しているわけではありません。しかし、本章の第1節で述べたように、いまや校種を問わずすべての学校で特別な支援を必要とする児童・生徒が学んでいます。

　したがって、司書教諭や学校司書には、学校図書館の担当職員として特別支援教育や合理的配慮についての基礎的な知識の修得が必須であり、校内外の研修に積極的に参加する姿勢が欠かせません。また、これから司書教諭や学校司書を目指す学生は、在学中にこれらに関連する科目を受講して、基礎的な知識を修得しておくことが望ましいでしょう。

3-2　施設・設備の改善（バリアフリー化）

　学校図書館の施設・設備のどこに障壁（バリア）があるのかをチェックし、対応可能なところから改善（バリアフリー化）を進めることが大切です。とはいえ、障壁（バリア）に気づかずに見落としてしまうこともあります。特別支援学級の担任や特別支援教育コーディネーターに一緒にチェックしてもらったり、特別な支援を必要とする児童・生徒の保護者に要望を聞くなどするといいでしょう。また、ユニバーサルデザインの観点で、チェックしてみるのも一案です。

　バリアフリーが障壁（バリア）に気づいたあとにそれを除去するなど改善しようとするものであるのに対して、ユニバーサルデザイン[7]はあらかじめ障壁（バリア）を作らずに障害の有無などに関係なく誰もが使いやすいようにデザインしようとするものです。ユニバーサルデザインには7原則があり、この7原則に現状の学校図書館の施設・設備で合致していないところがあれば、そこに障壁（バリア）が潜んでいる可能性があるといえます。

　では、「ユニバーサルデザインの7原則」とはどのようなものでしょうか。次にあげておきましょう。

　　(1) 公平性：だれでも公平に利用できる
　　(2) 自由度：使いやすい方を選んで使える
　　(3) 単純性：使い方が簡単で直感的にわかる
　　(4) 分かりやすさ：ほしい情報がすぐに理解できる
　　(5) 安全性：うっかりミスや危険なことにつながらないようになっている

(6) 体への負担の少なさ：無理な姿勢や強い力が必要でなく、楽に使用できる

(7) スペースの確保：十分な大きさ・広さがある[(8)]

　このうち、1点目の「公平性」が大原則になります。

　学校図書館に即して考えてみると、例えば、原則の4点目「分かりやすさ」はサインや案内、掲示物が当てはまるでしょう。サインなどの表現のわかりやすさだけでなく、これらが掲出されている位置も重要です。図書館ではサインは書架の上部に置かれていることが多いのですが、本当にわかりやすいでしょうか。病院などに行くと、通路の床面にサインを表示しているところがあります。人間の視線は前方下部に向いていることが多いので、床面にサインを表示するというのは実に理にかなっています。実際、特別支援学校の学校図書館では、床面にサインを表示しているケースがあります。また、原則の7点目「スペースの確保」に関して、書架と書架との間のスペースが狭すぎることはないでしょうか。もし車いすが移動手段の児童・生徒がいたときに、車いすで利用できるスペースが確保されているでしょうか。

　このように、「ユニバーサルデザイン7の原則」に照らしてチェックしてみると、新たに気づく障壁（バリア）が少なくありません。

3-3　読書補助具・機器の導入

　特別な支援を必要とする児童・生徒の読みづらさを軽減したり読みやすさを提供するためには、学校図書館への読書補助具や読書保障機器の導入も必要です。具体的にはタイポスコープ（リーディングトラッカー）（写真1）、拡大鏡、書見台、拡大読書器などがあります。

　タイポスコープとは、図書資料の特定の行に焦点を当てて読みやすくする補助具で、ディスレクシア（読み困難）がある児童・生徒の読書に有効な補助具の一つです。また、障害がなくても、集中して読みたい児童・生徒にも便利な道具であり、カウンター横などに何本も用意しておき、誰でも自由に利用できるようにしている学校図書館も少なくありません。文字の拡大機能が付いたリーディングルーペ（写真2）もあります。タイポスコープと後述する拡大鏡を一体化させたような補助具です。

　拡大鏡は、図書資料の文字を大きく見やすくする補助具です。ルーペ型の

写真1　タイポスコープの使用例（筆者撮影）

ものなどがあります。視覚障害がある児童・生徒のうち、ロービジョン（弱視）の児童・生徒の読書に有効な補助具の一つです。ディスレクシアがある児童・生徒でも、文字を大きくすることで読みづらさが軽減するケースもあり、使っている人がいます。

　書見台は、平面の閲覧机に対して一定の角度に傾斜させた読書用の台です。タイポスコープやリーディングルーペ、拡大鏡などの補助具を当てながら、姿勢を崩さずに読書できる便利な道具です。

　拡大読書器は、テレビ受像機やデスクトップ型コンピュータのディスプレーのような外観であり、図書資料の文字を大きく見やすくする読書保障機器

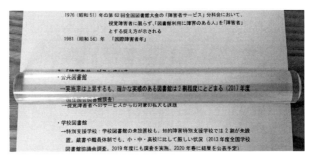

写真2　リーディングルーペ（筆者撮影）

で、いわば、拡大鏡の機械版です。

　これらの読書補助具や読書保障機器には既製品があるため、容易に入手可能です。また、手作りできるものもあります。特別な支援を必要とする児童・生徒のニーズや校内の予算などの実情をふまえながら、計画的かつ継続的に整備を進めていきましょう。

3-4　アクセシブルな資料の収集と提供

　特別な支援を必要とする児童・生徒の多様なニーズに応えるべく、さまざまなアクセシブルな資料を提供できるようにしておきましょう。具体的には点字資料、録音資料、拡大文字資料、LLブック、マルチメディアDAISY、手話付き資料、布の絵本、多言語資料などです。

　点字資料は点字で印字された資料であり、図書のほかにも雑誌、新聞があります。絵が浮き出ていて点字も付されている「さわる絵本」も点字資料の一種です。小学校のなかには一般の授業で点字を学ぶ学校も多いので、視覚障害がある児童・生徒のためだけでなく、点字を学ぶ際の教材として子ども向け点字資料を収集しているケースもあります。

　録音資料は、音声資料ともいわれています。次節の4-4で述べるように、視覚特別支援学校（盲学校）の学校図書館や地域の公共図書館、点字図書館（視覚障害者情報提供施設）などでは、DAISY（デイジー）という国際標準規格で録音資料を製作して提供しています。近年、視覚障害がある児童・生徒のほかにも、肢体不自由の児童・生徒やディスレクシアがある児童・生徒など、録音資料によって読書の可能性が高まる児童・生徒が多数いることがわ

新宿駅から　30分で、
相模大野駅に　つきました。

ハル：「このロマンスカーは、
　　　ここで　片瀬江ノ島ゆきと
　　　御殿場ゆきの　車両に
　　　わかれるんだ」
タカ：「この車両は、
　　　片瀬江ノ島ゆき　だね」

▲きりはなし作業

▲えのしま号先頭車両
（御殿場ゆきと顔がちがう）

でんしゃ　　　わかれる

図2　LL ブックの例（筆者の研究室で製作した『タカとハルの江の島のたび──小田急ロマンスカーにのって』〔2013年〕から）

かってきました。そのため、視覚特別支援学校以外の学校図書館でも録音資料提供のニーズが増しています。国立国会図書館による「視覚障害者等用データの収集及び送信サービス」(12)や、「サピエ」(13)というデジタルサービスを利用すると、ほかの図書館で製作した録音資料を必要とする児童・生徒に提供することができます。なお、作品数はまだ少ないですが児童・生徒の利用にも適した市販の朗読 CD（オーディオブック）も出版されています。

　拡大文字資料は、文字サイズが大きいのはもちろんのこと、行間サイズやフォントなどにも配慮して作られた資料のことです。大活字本ともいわれています。もともとはロービジョン（弱視）の児童・生徒が主な利用対象でしたが、近年は、録音資料同様に、利用する児童・生徒に広がりが見られます。

　LL ブックはわかりやすく読みやすく書かれた資料のことで、LL とはスウェーデン語の Lättläst（わかりやすくて読みやすい）の略です。主に、生活年齢が中学生以上の知的障害がある人や、母語が日本語以外であるために読みづらさを感じている人などが対象で、生活年齢に合ったテーマをわかりやすく読みやすく提供していこうとするものです。したがって、小学生以下を

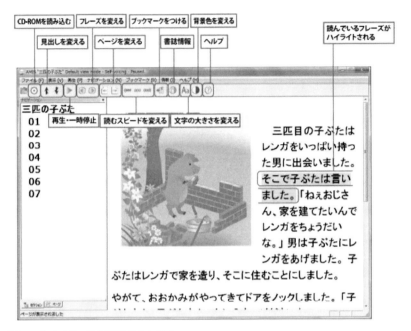

図3　マルチメディア DAISY の主な機能
（出典：日本障害者リハビリテーション協会『DAISY って何だろう？——一人ひとりのニーズにあった学習・読書方法の支援のために』（パンフレット）、2009年8月）

主な読書対象とする絵本や児童書とは異なります。LL ブックには、本文をわかりやすく読みやすいように配慮して書いたり、その本文の内容に対応した絵記号（ピクトグラム）を添えるなどの工夫がなされています（図2）。

　マルチメディア DAISY は、電子書籍の一種です。ノート、デスクトップ、タブレットといった各種のコンピューター端末で利用でき、文字の拡大や本文の音声読み上げなどが児童・生徒自身による簡単な操作でおこなえます（図3）。ここまで述べてきた録音資料、拡大文字資料、LL ブックなどの機能を一つに凝縮したようなもので、利用可能な児童・生徒の幅は広いといえます。伊藤忠記念財団では、マルチメディア DAISY の作品を希望する学校図書館に無償で頒布しています。

　手話付き資料には、手話の写真やイラストを添えた紙媒体の資料や、手話を挿入した映像資料などがあります。手話を第一言語とする聴覚障害がある児童・生徒のためだけでなく、多くの児童・生徒に手話への理解を促す資料

としても活用できます。

　布の絵本は、布地にフェルトやひも、マジックテープなどを用いて絵を描いた資料です。絵の部分を、ほどいたりはがしたりできるようにしてある作品もあります。布製のおもちゃの一種ともいえます。乳幼児用と思われがちですが、言語の獲得前の発達段階にある知的障害がある児童・生徒などにも有効な資料です。

　多言語資料は、日本語能力に応じた支援が必要な児童・生徒に、ルーツがある国・地域の言語での読書を保障するために欠かせません。また、多文化共生の観点から、国際理解教育にも資することができます。

　述べてきた資料のうち、学校図書館で入手が難しいものについては、近隣の公共図書館から借り受けて提供することもできます。近年、公共図書館では、「障害者サービス」や「多文化サービス」に力を入れているところが増えてきているので、これらの資料を収集・提供しているところもたくさんあります。また、これらの資料は、これまで説明してきたように、特別な支援を必要とする児童・生徒のためだけに収集・提供するのではなく、読書の多様性を多くの児童・生徒に理解してもらうために「バリアフリー読書の棚（コーナー）」のような形で広くオープンにしていくことが望まれます。

　なお、本項で述べた「アクセシブルな資料の収集と提供」と前項で述べた「読書補助具・機器の導入」に関連して、文部科学省が2016年11月に定めた「学校図書館ガイドライン」では、「発達障害を含む障害のある児童生徒や日本語能力に応じた支援を必要とする児童生徒の自立や社会参画に向けた主体的な取組を支援する観点から、児童生徒一人ひとりの教育的ニーズに応じたさまざまな形態の図書館資料を充実するよう努めることが望ましい。例えば、点字図書、音声図書、拡大文字図書、LL ブック、マルチメディアデイジー図書、外国語による図書、読書補助具、拡大読書器、電子図書等の整備も有効である[16]」としています。

4　学校図書館での合理的配慮

　続いて、学校図書館ではどのような合理的配慮をおこなっていったらいいのでしょうか。主に以下のような諸点があげられるでしょう。

①担当職員による個別のさまざまな支援

②ルールの変更や調整

③対面朗読の実施

④アクセシブルな資料の製作

　当然ながら、校種や学校の規模、児童・生徒のニーズなどによって、求められる合理的配慮や、過大な負担なく提供できる合理的配慮は異なってくることに留意しなければなりません。

4-1　担当職員による個別のさまざまな支援

　合理的配慮と聞くと、何か難しい対応を新たに始めなければならないと考える人もいるかもしれませんが、そんなことはありません。

　学校図書館も含めて学校では、児童・生徒の求めに応じて個別のさまざまな支援をすでにおこなってきました。これも、合理的配慮の一つといえます。例えば、車いす使用の児童・生徒が書架の上段に配架されている資料に手が届かなそうなときに、その資料を司書教諭や学校司書などの担当職員が代わりに取って手渡す、などです。

　もちろん、児童・生徒が必要とするときに必要な支援を的確におこなっていくためには、3-1で述べた「意識と理解の向上」がベース（基礎的環境整備）として欠かせないことはいうまでもありません。

4-2　ルールの変更や調整

　視覚障害がある児童・生徒や、ディスレクシアがある児童・生徒など、そうでない児童・生徒よりも読書をするのに長めの時間を必要とする人もいます。こうした児童・生徒に対しては、読書機会の事実上の平等を促進・達成するために、貸出期間を長めに設定したり、貸出冊数を多めに設定するなどのルールの変更や柔軟な調整をおこなう必要があります。公共図書館では、大阪市立中央図書館など、すでにこのような対応をおこなっているところがあります。

　こうした対応自体が、特別な支援を必要とする児童・生徒に対する差別に当たるのではないかと危惧する人もいるでしょう。しかし、「障害者の権利に関する条約」では、「障害者の事実上の平等を促進し、又は達成するために必要な特別の措置は、この条約に規定する差別と解してはならない」[17]（第5

条）と規定しています。

4-3　対面朗読の実施

　対面朗読とは、所蔵する資料をそのままでは読めない・読みづらい児童・生徒に対して、1対1で向き合って（対面して）読み上げることです。特別支援教育の分野では、代読と呼ばれている実践でもあります。

　対面朗読は、視覚特別支援学校（盲学校）の学校図書館ではこれまでも実施しているところが多くありました。しかし、ディスレクシアなど視覚障害以外の児童・生徒でも対面朗読（代読）が読書に有効なケースがあり、ほかの校種の学校図書館でも実施が求められています。

　ただし対面朗読（代読）は、単に読み上げればいいわけではなく、代読者には音訳に関する一定の知識とスキルが必要になります。したがって、過大な負担なく実施するには、地域の音訳ボランティアなどに協力してもらうことが欠かせないといえます。

4-4　アクセシブルな資料の製作

　特別な支援を必要とする児童・生徒の多様なニーズに応えていくためには、既存のアクセシブルな資料を収集して提供するだけでは十分とはいえません。読みたい資料の提供可能性を高めるためには、前節3-4の録音資料のところでも述べたように、児童・生徒の求めに応じて新しく製作することも必要になってきます。既存のアクセシブルな資料がまだまだ少ないからです。地域の公共図書館や点字図書館（視覚障害者情報提供施設）の多くでは、アクセシブルな資料の製作に長年の実績があります。また、特別支援学校の学校図書館でも、製作に古くから取り組んできたところがあります。製作する資料の種類は点字資料、録音資料、拡大文字資料など、児童・生徒のニーズに応じてさまざまです。

　現在の著作権法では、学校図書館などでは、障害がある児童・生徒のために、元の資料（原本）の著作権者に許諾を取ることなく各種のアクセシブルな資料に複製（媒体変換して製作）することを認めています（第37条第3項）。実務的なガイドラインである「図書館の障害者サービスにおける著作権法第37条第3項に基づく著作物の複製等に関するガイドライン」[18]も作られています。

アクセシブルな資料の製作にあたっての最大の問題は、誰がその実務を担うかです。学校図書館で過大な負担なくアクセシブルな資料を製作するためには、司書教諭や学校司書などの担当職員だけでは担いきれません。やはり、地域の点訳や音訳、拡大訳などの専門的な知識とスキルをもった人にボランティアとして協力してもらう以外はありません。事実、すでに実績がある公共図書館や点字図書館、特別支援学校の学校図書館でも、この方法がとられています。

5　基礎的環境整備と合理的配慮を「当たり前」に

　ここまで述べてきた基礎的環境整備と合理的配慮については「図書館における障害を理由とする差別の解消の推進に関するガイドライン[19]」によって具体的な内容や留意すべき点などがまとめられているので、参考にしてください。また、現状でどこまで対応できているのかを確認するための「JLA障害者差別解消法ガイドラインを活用した図書館サービスのチェックリスト[20]」も作られているので、あわせて活用するといいでしょう。

　基礎的環境整備と合理的配慮は、表現こそ違っても、条約批准以前から学校図書館界では国際的に取り組みが目指されてきました。例えば、1999年11月にユネスコ総会で批准された「ユネスコ・国際図書館連盟共同学校図書館宣言」では、学校図書館の使命で「学校図書館サービスは、年齢、人種、性別、宗教、国籍、言語、職業あるいは社会的身分にかかわらず、学校構成員全員に平等に提供されなければならない。通常の図書館サービスや資料の利用ができない人々に対しては、特別のサービスや資料が用意されなければならない[21]」と謳っています。ここにいう「特別のサービスや資料が用意されなければならない」こそ、まさに基礎的環境整備と合理的配慮を意味しているといえます。障害者差別解消法の施行は、基礎的環境整備と合理的配慮という表現を用いて、私たちに学校図書館が目指すべきところを再確認させてくれたといっても過言ではないでしょう。

　学校図書館での着実な基礎的環境整備の推進と合理的配慮の提供は、障害がある児童・生徒など特別な支援を必要とする児童・生徒にだけ寄与するわけではありません。特別な支援を必要とする児童・生徒は、学校図書館の利

用や読書などに最も制約を受けやすい状況にいます。基礎的環境整備と合理的配慮を通して、その児童・生徒の利用上の制約が軽減されたり解消されることになれば、ひいては、すべての児童・生徒が使いやすい学校図書館の実現にもつながっていくのです。つまり、学校図書館の環境とサービス全体の底上げにつながるわけです。したがって、基礎的環境整備と合理的配慮を特別な支援を必要とする児童・生徒のためだけの取り組みと狭くとらえるのではなく、すべての児童・生徒に資する学校図書館にとって「当たり前」の取り組みと考えて、計画的かつ継続的に取り組んでいきたいものです。

　基礎的環境整備と合理的配慮は、当然ながら、司書教諭や学校司書の個人的努力だけで実現できるものではありません。学校図書館担当の分掌組織のメンバー全員による協力が欠かせません。さらには、校長・副校長などの管理職、学級担任、養護教諭、特別支援教育コーディネーター、スクールカウンセラー、スクールソーシャルワーカーなど、職種を超えての学校職員全体での協働が大切になります。まさに「チーム学校」で一丸となって取り組んでいかなければなりません。

注

(1) 障害の有無などに関係なく、誰もが等しく普通（ノーマル）に生活できる社会環境の実現を目指すこと。
(2) 分け隔てなく包み込むこと。
(3) 多様性を認め、受け入れること。
(4) 私立学校を含む民間事業者には努力義務としている。
(5) 外務省「障害者の権利に関する条約 第2条」（https://www.mofa.go.jp/mofaj/files/000018093.pdf）［2019年8月1日アクセス］
(6) 内閣府「障害を理由とする差別の解消の推進に関する法律 第5条」（http://www8.cao.go.jp/shougai/suishin/law_h25-65.html）［2019年8月1日アクセス］
(7) アメリカ・ノースカロライナ州立大学のロナルド・メイスによって1985年に提唱された概念。
(8) 「ユニバーサルデザインの7原則」については、さまざまな文献やウェブサイトで紹介されている。ここでは、岡山県作成のパンフレット「ももっちと見つけるユニバーサルデザイン——みんながニコニコ笑顔になるわけ」（岡山県県民生活部人権施策推進課、2014年〔http://www.pref.okayama.jp/

kenmin/anzenanshin/UD/kodomo/pamph/ud7.html〕〔2019年8月1日アクセス〕）掲載の説明を引用した。

(9) バリアフリー資料ともいわれている。

(10) 手で読む絵本ともいう。

(11) Digital Accessible Information SYstem の略である。

(12) 無償で利用できるが、利用するには「送信承認館」となる必要がある。詳しくは、国立国会図書館のウェブサイト内の「視覚障害者等用データの収集および送信サービス」（〔http://www.ndl.go.jp/jp/library/supportvisual/supportvisual-10.html〕〔2019年8月1日アクセス〕）を参照のこと。

(13) 日本点字図書館がシステム管理をし、全国視覚障害者情報提供施設協会が運営するシステム。利用には、年間4万円の会費が必要。詳しくは、「サピエ」（〔http://www.sapie.or.jp/〕〔2019年8月1日アクセス〕）を参照のこと。

(14) このことを "one source multi-use" という。

(15) 詳しくは、伊藤忠記念財団のウェブサイト（〔http://www.itc-zaidan.or.jp/〕〔2019年8月1日アクセス〕）を参照のこと。

(16) 文部科学省「(5) 学校図書館における図書館資料」「別添1「学校図書館ガイドライン」」（http://www.mext.go.jp/a_menu/shotou/dokusho/link/1380599.htm）〔2019年8月1日アクセス〕

(17) 外務省「障害者の権利に関する条約 第5条」（https://www.mofa.go.jp/mofaj/files/000018093.pdf）〔2019年8月1日アクセス〕

(18) このガイドラインは、日本図書館協会や全国学校図書館協議会など図書館関係5団体が権利者団体などと協議して作られたものである。ガイドラインの全文は、日本図書館協会のウェブサイト（http://www.jla.or.jp）で公開されている（国公私立大学図書館協力委員会／全国学校図書館協議会／全国公共図書館協議会／専門図書館協議会／日本図書館協会「図書館の障害者サービスにおける著作権法第37条第3項に基づく著作物の複製等に関するガイドライン」2010年2月〔http://www.jla.or.jp/portals/0/html/20130902.html〕〔2019年8月1日アクセス〕）。

(19) このガイドラインの全文は、前掲の日本図書館協会のウェブサイトで公開されている（日本図書館協会「図書館における障害を理由とする差別の解消の推進に関するガイドライン」2016年3月〔http://www.jla.or.jp/Portals/0/html/lsh/sabekai_guideline.pdf〕〔2019年8月1日アクセス〕）。

(20) このチェックリストの全文は、前掲の日本図書館協会のウェブサイトで公開されている（日本図書館協会障害者サービス委員会「JLA障害者差別解消法ガイドラインを活用した図書館サービスのチェックリスト」2016年

11月〔http://www.jla.or.jp/portals/0/html/lsh/checklist.html〕［2019年8月1日アクセス］）。

(21)「ユネスコ・国際図書館連盟共同学校図書館宣言」（1999年11月批准）、野口武悟編／全国学校図書館協議会監修『学校図書館基本資料集』全国学校図書館協議会、2018年、75―76ページ

参考文献

野口武悟／植村八潮編著『図書館のアクセシビリティ――「合理的配慮」の提供へ向けて』樹村房、2016年

野口武悟／成松一郎編著『多様性と出会う学校図書館――一人ひとりの自立を支える合理的配慮へのアプローチ』読書工房、2015年

野口武悟編著『一人ひとりの読書を支える学校図書館――特別支援教育から見えてくるニーズとサポート』読書工房、2010年

第6章　学校教育課程と学校図書館

田上恭史

1　学校図書館とは

1-1　法令での規定と学校図書館の役割

　学校教育法第21条第5号には「義務教育の目標として読書に親しませること」と記されています。このための施設として学校図書館があります。

　学校図書館法（1953年法律第185号）では、学校図書館は「学校教育において欠くことのできない基礎的な設備である」[1]（第1条）、そしてその目的は、「学校の教育課程の展開に寄与するとともに児童生徒の健全な教養を育成すること」[2]（第2条）とし、学校図書館を「学校に設けなければならない」[3]（第3条）としています。

　すなわち学校図書館は、学校教育で、読書を通した豊かな心の育成とともに、確かな学力の育成の基盤を育む重要な機能をもつ施設として位置づけられています。また、児童・生徒の「生きる力」の育成に資するものであり、生涯にわたる学習の基盤形成につながるものでもあります。

　学校図書館法第2条には、学校図書館が「児童又は生徒及び教員の利用に供する」ものであることが記され、学校図書館の運営方法として、第4条には次の方法があげられています。

　　・図書館資料を収集し、児童生徒及び教員の利用に供すること。
　　・図書館資料の分類排列を適切にし、及びその目録を整備すること。
　　・読書会、研究会、鑑賞会、映写会、資料展示会等を行うこと。
　　・図書館資料の利用その他学校図書館の利用に関し、児童生徒に対し指導を行うこと。

・他の学校の学校図書館、図書館、博物館、公民館等と緊密に連絡し、及び協力すること。[(4)]

　このような方法で運営することで、学校図書館には以下のような機能が期待されています。
①「読書センター」として、児童・生徒の想像力を培い、学習に対する興味・関心などを喚起し、豊かな心や人間性、教養や創造力などを育む自由な読書活動や読書指導をおこなう機能。
②「学習センター」として、児童・生徒の自発的・主体的・協働的な学習活動を支援したり、授業の内容を豊かにしたりして、その理解を深めるための機能。
③「情報センター」として児童・生徒や教職員が必要とする情報を提供したり、児童・生徒の情報の収集・選択・活用能力を育成したりするための機能。

1-2　新学習指導要領と学校図書館

　2018年には20年度から実施される次期学習指導要領が告示されました。その総則のなかに学校図書館に関する記述があります。それを2008年に改訂された現行の学習指導要領のものと列記します。

　●学校図書館を計画的に利用しその機能の活用を図り、児童の主体的、意欲的な学習活動や読書活動を充実すること。(2008年改訂、現行学習指導要領)
　●学校図書館を計画的に利用しその機能の活用を図り、児童の主体的・対話的で深い学びの実現に向けた授業改善に生かすとともに、児童の自主的、自発的な学習活動や読書活動を充実すること。また、地域の図書館や博物館、美術館、劇場、音楽堂等の施設の活用を積極的に図り、資料を活用した情報の収集や鑑賞等の学習活動を充実すること (2018年改訂の次期学習指導要領。傍点は引用者)

　一読すればわかるように、学校図書館に期待されることがこれまで以上に幅広く、内容面でより深くなりました。これに伴い、学校図書館の利活用の仕方をこれまでより一層充実させることが求められています。同時に、それ

らを担う図書館担当教員・司書教諭・学校司書・学校管理職に求められる役割もさらに重くなっていくことを示しています。

　傍点部が今回の変更に該当するところです。従来からある「計画的に利用しその機能の活用を図」るとは、それぞれの学校での教育課程に学校図書館の利用を明確に位置づけ、計画的に活用していくことを示しています。そのためには、学校経営方針に学校図書館の利活用を位置づけること、各教科などでの教育活動に学校図書館を計画的に活用することが必要です。そして学校経営方針のもとに、学校図書館全体計画や利用計画を立てることです。利用計画は児童・生徒の学習段階と教科などの学習内容をふまえたものでなければなりません。さらに、その計画がスパイラル状に積み上げられていくものでなければなりません。

　学校図書館単体としてではなく、隣接する学校図書館や公共図書館とのネットワークの構築を視野に入れる必要があります。博物館や美術館などとの連携は新学習指導要領で求められている「学びの質」を高めるためにも、さらに進めていくことが必要です。その際、博物館や美術館などに付属されている専門図書館や資料室などとの連携も視野に入れておきましょう。

　さて、今回の学習指導要領改訂の基本的な考え方として、文部科学省は次の3点をあげています。

　　○教育基本法、学校教育法などを踏まえ、これまでの我が国の学校教育
　　　の実践や蓄積を活かし、子供たちが未来社会を切り拓くための資質・能
　　　力を一層確実に育成。その際、子供たちに求められる資質・能力とは何
　　　かを社会と共有し、連携する「社会に開かれた教育課程」を重視。
　　○知識及び技能の習得と思考力、判断力、表現力等の育成のバランスを
　　　重視する現行学習指導要領の枠組みや教育内容を維持した上で、知識の
　　　理解の質をさらに高め、確かな学力を育成。
　　○先行する特別教科化など道徳教育の充実や体験活動の重視、体育・健
　　　康に関する指導の充実により、豊かな心や健やかな体を育成。[(5)]

　これらの点をふまえ、新学習指導要領では、学びの質を高めるため、「何を学ぶか」に加え「どのように学ぶか」「何ができるようになるか」を重視し、「主体的・対話的で深い学び」の実現に向けた授業改善が求められてい

ます。

「対話的で深い学び」の実現には、自己との対話、児童・生徒同士での対話、指導者との対話、体験活動などを通じたさまざまな人材との対話が含まれています。そして、「書物や資料」との対話も含まれます。また、地域のさまざまな施設や人材の活用を図り、課題解決に必要な資料や情報を見いだし、収集し、編集し、発信するという言語活動の場としての機能も求められています。学校図書館を利活用したこのような学習が児童・生徒の深い学びにつながると考えられているからです。

　そのために司書教諭として学校図書館にどのようなメディア（資料）を集めるのか、それらをどのように配架するのか、また、それらのメディアをどのように活用すれば、主体的に児童・生徒が自己の興味・関心などに応じて学習内容の背景を探ったり、問いを見いだして解決したり、自己の考えを形成し表現したりすることにつながるか、対話的で深い学びになるかを考えなければなりません。

2　学校図書館に必要なメディア

2-1　メディアとは何か

　メディアとは「情報」を伝達するものです。とりわけ、基盤になる「情報」は言葉・文字言語です。文字言語で書かれたもの、または表されたものを、子ども同士、学習者同士が伝え合うことで、あるいはいろいろな資料から「情報」を得ることで学習者は学んでいきます。このように「情報」の媒介となるもの、それがメディアです。だから、媒介として使われる場合にはすべてのものがメディアになると考えられます。

「情報」には、瞬時に伝わるものと、時間が経過してからも継時的に伝わるものとがあります。文字や図など、書かれたり印刷されたりしたものは継時的に伝わる情報です。記録された音声や映像もこれに類します。一方、その場で表現される音声は、記憶されたり記録されたりしないかぎりはその瞬間、瞬時だけの情報です。このような情報の特徴・特性を理解しておくことが必要です。

　さて、学校で必要とされるメディアは学習指導要領・教育課程によって規

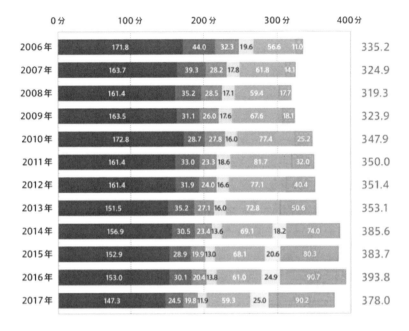

グラフ内の数値:

年	テレビ	ラジオ	新聞	雑誌	パソコン	タブレット端末	携帯電話/スマートフォン	合計
2006年	171.8	44.0	32.3	19.6	56.6		11.0	335.2
2007年	163.7	39.3	28.2	17.8	61.8		14.1	324.9
2008年	161.4	35.2	28.5	17.1	59.4		17.7	319.3
2009年	163.5	31.1	26.0	17.6	67.6		18.1	323.9
2010年	172.8	28.7	27.8	16.0	77.4		25.2	347.9
2011年	161.4	33.0	23.3	18.6	81.7		32.0	350.0
2012年	161.4	31.9	24.0	16.6	77.1		40.4	351.4
2013年	151.5	35.2	27.1	16.0	72.8		50.6	353.1
2014年	156.9	30.5	23.4	13.6	69.1	18.2	74.0	385.6
2015年	152.9	28.9	19.9	13.0	68.1	20.6	80.3	383.7
2016年	153.0	30.1	20.4	13.8	61.0	24.9	90.7	393.8
2017年	147.3	24.5	19.8	11.9	59.3	25.0	90.2	378.0

■ テレビ　■ ラジオ　■ 新聞　▨ 雑誌　▨ パソコン　▨ タブレット端末　▨ 携帯電話／スマートフォン

＊各メディア接触者の接触時間の合計
＊2014年より「タブレット端末」を追加
＊2014年より「パソコンからのインターネット」を「パソコン」に、
携帯電話（スマートフォン含む）からのインターネットを「携帯電話／スマートフォン」に変更

図1　メディア総接触時間の時系列推移（1日あたり・週平均）：東京地区
全国4地点－東京、大阪、愛知、高知、都道府県単位を対象にした調査　対象者は15歳・高校生
から65歳
（出典：博報堂 DY メディアパートナーズメディア環境研究所「メディア定点調査2018 グラフ
資料データ」〔http://mekanken.com/cms/wp-content/uploads/2018/05/384db15f3ac2bacb5ef92d0
9517795c1.pdf〕〔2018年6月8日アクセス〕）

定されます。どのような学習活動・教育体系を児童・生徒に提供するか、そ
れらに基づいて選択されたものが、学習に必要なメディアであり、学校図書
館に必要とされるメディアです。

2-2　現在のメディア状況

①メディアの定点調査
　この調査から年代別のメディアの利用状況を具体的に知ることができます。

2006年から16年までの11年間で見ると、対象とされているメディア（テレビ、ラジオ、新聞、雑誌、パソコン、タブレット端末、携帯、スマートフォン）のなかで、利用時間が急増しているものがタブレット端末、携帯、スマートフォンです。一日あたりの利用時間は、06年では調査対象者の平均で330分ほどメディアを使っています。11年後の16年は393分つまり約6時間半。一日に平均して6時間半メディアに接していることがわかります。この調査は15歳以上が対象ですが、敷衍して考えると、15歳未満の児童・生徒も、情報モラルの育成が喫緊の課題になっていることを勘案すれば、高校生と同傾向だろうと推察できます。近年は視聴覚メディアであるテレビ・ラジオの利用時間が減り、新聞・雑誌などの印刷メディアの利用も大幅に減少しています。活字離れ、新聞・雑誌・書籍離れに一層の拍車がかかっています。その一方で、携帯できる電子情報メディアのタブレット端末やスマートフォンの利用が著しく増え、今後もこの傾向が続くことは明白に推察できます。

　学校図書館や公共図書館などがさまざまな工夫を凝らしながら、国が種々方策をとり続けているなかでさえ、この状況になっているのが現実です。NIE（教育界と新聞界が協力し、学校などで新聞を教材として活用すること）が教育現場に導入され、学校図書館に一紙以上の新聞購入が全国的に実施されているなかでの状況です。

　パソコンも含め電子情報の利用率が急増する傾向にあるなか、どのようなメディアをどのように適切に使っていくかを、教育現場や家庭・地域社会で適切に指導することが重要です。

2-3　メディアの利用目的

　メディアの利用目的を2015年に総務省がおこなった調査結果(7)（図2）からも現在の利用状況がわかります。例えば、「いち早く世の中の出来事や動きを知るため」に使っているメディアは何かという項目に対しては「テレビ、ラジオ、新聞」であり、「雑誌、書籍」はほとんど利用されていません。「インターネット」の利用も増えています。

「世の中の動きについて信頼できる情報を得るために何を利用しているか」では新聞を利用する割合が大きくなっています。他方、インターネット関係は非常に少なくなっています。その一方で信頼できる情報として書籍類を使用する割合が非常に低くなっています。これについては、学校教育のなかで

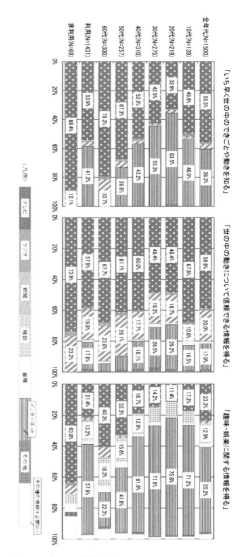

図2　メディアの利用目的
（出典：総務省情報通信政策研究所「平成27年　情報通信メディアの利用時間と情報行動に関する調査〈概要〉」総務省情報通信政策研究所、2016年8月〔http://www.soumu.go.jp/iicp/chousakenkyu/data/research/survey/telecom/2016/01_160825mediariyou_gaiyou.pdf〕〔2016年9月7日アクセス〕）

		テレビ	新聞	インターネット	雑誌
全年代	全年代(N=1500)	91.0%	67.7%	69.8%	26.7%
年代別	10代(N=139)	92.1%	45.3%	82.0%	21.6%
	20代(N=219)	86.3%	45.7%	87.2%	25.1%
	30代(N=275)	86.2%	50.2%	80.4%	24.7%
	40代(N=310)	89.4%	72.3%	76.5%	25.5%
	50代(N=257)	96.5%	86.8%	63.8%	29.2%
	60代(N=300)	95.3%	89.3%	40.0%	31.0%
インター ネット	利用(N=1431)	90.6%	66.6%	72.7%	26.8%
	非利用(N=69)	98.6%	91.3%	10.1%	24.6%

図3　メディアの重要度
（出典：同ウェブサイト）

		テレビ	新聞	インターネット	雑誌
全年代	全年代(N=1500)	62.7%	68.6%	29.7%	16.7%
年代	10代(N=139)	67.6%	66.9%	25.9%	24.5%
	20代(N=219)	56.6%	58.9%	29.2%	16.9%
	30代(N=275)	47.3%	61.8%	28.7%	16.0%
	40代(N=310)	63.5%	71.0%	31.6%	17.7%
	50代(N=257)	70.0%	75.1%	35.8%	13.6%
	60代(N=300)	71.7%	74.7%	25.7%	15.0%
インター ネット	利用(N=1431)	61.8%	67.6%	30.6%	16.7%
	非利用(N=69)	81.2%	88.4%	11.6%	15.9%

図4　メディアの信頼度
（出典：同ウェブサイト）

は、信頼できる図書情報に児童・生徒がまず手を伸ばす、学校図書館に足を運ぶ工夫をする必要があることに留意しなければなりません。

　同じ総務省の調査で、「メディアの重要度」「メディアの信頼度」を見てみましょう。重要度を見ると、10代から30代では、テレビやインターネットの割合が高く、新聞・雑誌の印刷物の割合が低くなっています。年代が上がるほどこの割合は逆転していきます。全年代からの信頼度を見ると、重要度が高いテレビやインターネットは信頼度がかなり低くなっています。特に、インターネットは、重要度が69.8%だったものが信頼度は29.7%。ネット情

報は重要だけれど信頼度は低い。その低さを知りながら、利用していることがわかります。

　ところが、第61回学校読書調査での「わからないことを何で調べるか」(9) を見ると図3のような結果になっています。年齢が上がるにつれて「スマートフォン・タブレット端末」が最重要になっています。調べた内容が正しいか確認するために書籍を使うと回答している小学生は約10%、中学生・高校生になるとわずか4%・3%でした。インターネットなどの信頼度が低いにもかかわらず、わからないことを調べるために、パソコンやスマートフォンを主に利用しています。これがいまの子どもたちの意識の実態であり、子どもたちや私たちが置かれているメディアの状況です。信頼できる基礎情報を得るために、学校図書館にある「辞書や百科事典で調べること」を、まず初めに経験させ、基礎知識や基本的な情報をとらえさせたい。そして、情報の確かさや新しさ、情報の質、これらのことがきちんと担保されている情報を、印刷資料やデジタル資料から適切に収集できる経験をさせ、効果的に情報を活用する能力を培いたいものです。

　次期学習指導要領の国語科に「語彙の量と語彙の質を高めなければならない」とあります。子どもたちを豊かな日本語の担い手として育てるためにも、書籍・新聞などの印刷メディアを適切に活用できるように学校図書館がその役割を果たしていくことが必要です。

2-4　メディアの特徴

　メディアの特徴を学校で児童・生徒に理解させることが必要です。新聞、書籍、雑誌、パンフレット類、ネット、テレビ、ラジオなど、どのメディアを使って必要とする情報を入手するか。また、これらのメディアのプラス面とマイナス面は何か、児童・生徒に考えさせ、言語活動をおこないながら、一覧表に整理していきます。幅広くさまざまな角度からの情報を手に入れたい場合、あるいは信頼性が高い情報が必要な場合、最新の情報が必要な場合などを想定して、これらのメディアのなかからどれを利用すればいいのか、その特徴に気づかせることが必要です。

　例えば、書籍からは確かな情報を得ることができます。出典や責任の所在も明らかです。そして学校図書館ですぐに調べることができます。それに加えて、書籍は複数冊を並べることができ、必要な情報を比較・検討しながら

利用することができます。しおりを挟んでおけば、すぐに必要なところを出すことができます。これは書籍のよさです。一方、一度に多人数での利用には不向きです。学校図書館に同じ本が複数あることはほとんどないので、利用者が多い場合にはすぐに利用できないことが起きます。時間の経過によって情報が古い場合もあります。

　また、学習者に適した内容でないことがあります。例えば、小学校には1年生から6年生までの児童が在籍しているため、年齢差・学習経験の差があります。すると、同じ分類の本でも「これはちょっと低学年には難しすぎて無理だ」ということが生じます。逆に、高学年の知的要求には内容や情報が不足していることも起きます。このように、メディアの特徴を把握しておくことが必要です。

　新聞はどうか。取材を通してきちんと確認された情報であること、責任の所在がはっきりしていること、必要な情報を切り取って保存できること、他紙の同一記事と比較できることが、その利点としてあげられます。その一方で、新聞はテレビやラジオなどよりも情報が遅いことや書籍と違って詳しい目次や索引がないことがマイナス面としてあげられます。新聞の利用には、このような特性があることを子どもたちに教えておくことが大切になります。

　しかし、新聞は加工することで使いやすいメディアにすることができます。記事をスクラップし、同一テーマや関連記事ごとにクリッピングします。簡単な目次をつければ使い勝手がいい資料になります。実際に身近な郷土情報や市民だよりなどに定期的のに掲載される“ご当地”記事を一冊のファイルにスクラップし資料として配架している学校図書館があります。

　インターネットなどの通信系メディアからは瞬時に世界の情報を手に入れることが可能です。学校でのパソコンやタブレット端末の普及、校内有線LAN・無線LANの設置が急速に進んでいます。1人1台の端末が利用できる状況も増えつつあります。教室にいながらにして、必要な情報を多数、さまざまなレベルで集めることが可能になっているのです。この利便性は評価できます。しかし、その一方で、不適切なサイトに入ったり、有害情報を流したり、ネットいじめが問題になるというように、情報モラルが守られない、守れないという状況も生じています。情報があまりにも多すぎて、必要とする情報を選択できないことや、入手した資料の吟味もしないまま利用してしまうことも起こっています。適切な指導もなく、児童・生徒に調べさせると

収拾がつかなくなることもあります。「これが必要だから印刷させてほしい」という児童・生徒の要求のまま印刷を許可すると、大量の印刷物ができあがり、結果として適切な情報として利用できるものがほんのわずかしかないこともよくあります。コピー＆ペーストがマウスの操作だけで簡単にできるため、安易な利用になってしまっていることがあります。実際に、インターネットで見つけた情報の吟味やサイトの確認をせずに、そのまま正しい情報と思い込んで授業で発言をしたり、成果物に利用したりしている例を何度も目にしています。

2-5　学校図書館に必要なメディア

　学校図書館では、教育活動や学習内容に必要とするさまざまなメディア（資料）を集めます。国語・社会・算数・数学・理科・音楽・美術・英語・外国語、あるいは技術・家庭、保健・体育などすべての教科に応じたメディア（資料）を選んで、配架・配置します。また、特別な教科としての道徳、学級活動に必要なメディア（資料）も入れます。あるいは特別活動に必要な資料、文科系・体育系問わず部活動に役立つメディア（資料）も配置します。それから喫緊の課題に応じたメディア（資料）、例えば18歳選挙権、公民権教育、いじめ対策なども必要になります。小学校英語が5、6年生で教科化されます。これに応じたメディア（資料）も収集することが必要になってきました。

　ほかにも、学校では修学旅行や学芸会・文化祭などの学校行事があります。季節に合わせた行事も実施されます。学校のある地域には四季折々に祭りなどの地域行事があり、また名所旧跡・神社仏閣などもあります。総合的な学習の時間に地域の伝統的な行事や地域の歴史、また施設について学習することはどの学校でもおこなっています。環境問題やエネルギー問題についての探究学習も実施されています。これらに役立つメディア（資料）も学校図書館には必要になります。

2-6　学校図書館にあるさまざまなメディア

　学校図書館に配架・配置されている情報メディアには次のようなものがあります。印刷メディア（図書、雑誌、新聞、パンフレット、リーフレットなど）、視聴覚メディア（カセットテープ、ビデオ、スライド、フィルム、電子黒板、書

写真1　学校図書館での授業の一コマ（筆者撮影）

画カメラ、再生機器など）、ネットワーク系メディア（ウェブサイト、データベース、リンク、パソコン、タブレット端末などの機器）、パッケージ系電子メディア（CD-ROM、CD、DVD、ブルーレイディスク、ICT関連機器など）、実物（模型、標本、レプリカ、器具など）。

　実際の学校図書館から紹介します。

　写真1は学校図書館での授業の一コマです。この図書館には、図書、雑誌、新聞、パンフレット、リーフレットなど、またパソコン、プロジェクター、スクリーン、移動式ホワイトボード、側面ホワイトボード、無線LAN、プリンター、タブレット端末を配置して、実際の授業で利用しています。

　このほかにも例えば次のような情報メディアを配架・配置している学校図書館があります。理科資料室にある「岩石標本」を実際に手に取って質感を感じられるように、安全に配慮しながら展示している例が多くあります。そして、この岩石標本と一緒に百科事典や岩石図鑑などを展示しています。子どもたちは実物を比べたり、書籍で調べたりすることができます。鳥や小動物の剥製なども衛生に配慮しながら、印刷資料と並べて展示しています。人体模型や臓器を模したフィギュアを展示している学校図書館もあります。

　実際の授業での具体例を示します。小学校6年生の家庭科の授業に「C 快適な衣服と住まい」として「ア　衣服の働きが分かり、衣服に関心をもって日常着の快適な着方を工夫できること」（学習指導要領）があります。季節の変化や気温の変化に合わせて、適切な衣服の選択について学習します。担

当教諭が設定した学習課題は「夏休みに家族で標高1,500メートルの山に登ることになりました。どのような衣服を準備すればいいのか考えなさい」というものでした。そして、担当教諭と司書教諭は次の情報メディアを準備しました。

2万5,000分の1の地図、登山ルートのガイドブック、長期天気予報、当該地の天候に関する統計資料、衣類（綿・毛・合繊・化繊などの衣服上下、半袖・長袖、長ズボン・半ズボン）などです。

児童は、出発地点から山頂までの気温や体温の変化を「気象条件、高度、運動量など」の情報から想定し、衣服の選択をおこなっていきました。実物の衣服を手に取って質感や肌触りを確かめたり、付着しているタグから材質を確認したりすることで、適切な衣類の選択につながりました。家庭科の授業は普通、教室か家庭科室でおこなうのが一般的ですが、学校図書館でおこなうことで、さまざまな情報を駆使しながら、どれが適切なのかを話し合うことができるとともに、確かな情報をもとに交流することが盛んな言語活動になりました。選択した衣類が適切かどうかの検証を、書架にある図書資料を活用しておこない、さらに深い学びへとつながることになったわけです。

社会や総合的な学習の時間に学校や地域の歴史・文化について探究的な学習を実施することがあります。その授業に次のような実物資料を利用することがあります。地質サンプル（校舎建設時や改築時に地質のボーリング調査が実施されます。そのときに掘り出された土砂を樹脂で固めたもの）、古い教材・教具、昔の道具、旧校舎の銘板や鬼瓦などです。

学習目標や内容に合わせて、子どもたちの学びが主体的・対話的で深い学びを呼び起こすように意図的に必要な情報メディアを準備することが求められています。

3　学校図書館の現状

3-1　図書標準

公立義務教育諸学校の学校図書館に整備すべき蔵書の標準として、1993年3月に定めた「学校図書館図書標準（文部省初等中等教育局長通知）」があります（表1を参照）。

ア 小学校

学級数	蔵書冊数
1	2,400
2	3,000
3〜6	3,000＋520×（学級数－2）
7〜12	5,080＋480×（学級数－6）
13〜18	7,960＋400×（学級数－12）
19〜30	10,360＋200×（学級数－18）
31〜	12,760＋120×（学級数－30）

イ 中学校

学級数	蔵書冊数
1〜2	4,800
3〜6	4,800＋640×（学級数－2）
7〜12	7,360＋560×（学級数－6）
13〜18	10,720＋480×（学級数－12）
19〜30	13,600＋320×（学級数－18）
31〜	17,440＋160×（学級数－30）

表1　学校図書館図書標準
（出典：全国学校図書館協議会編『学校図書館・司書教諭講習資料 第6版』全国学校図書館協議会、2009年、171ページ）

II　学校図書館における物的整備の状況

公立学校図書館の蔵書冊数やデータベース化等の整備状況について調査

※平成27年度末現在。（　）内は平成25年度末現在の数値。
【蔵書の整備状況】

	配置学校数	27年度末の蔵書冊数	27年度末図書標準達成学校数の割合	
小学校	19,604校	約1億7,487万冊（約1億7,402万冊）	66.4%	（60.3%）
中学校	9,427校	約1億167万冊（約9,975万冊）	55.3%	（50.0%）
高等学校	3,509校	約8,349万冊（約8,479万冊）		

【百科事典や図鑑など共通教材の配備状況】

	セット配備している学校数	全体に占める割合	配備されているセットの刊行後経年数別内訳			
			10年以上	5年以上	3年以上	3年未満
小学校	18,624校	95.0%	55.3%	23.8%	11.2%	9.7%
中学校	8,873校	94.1%	62.6%	20.9%	9.2%	7.3%
高等学校	3,379校	96.3%	86.6%	8.7%	2.6%	2.0%

図5　学校図書館における物的整備の状況
（出典：文部科学省児童生徒課「平成28年度「学校図書館の現状に関する調査」結果について（概要）」2016年10月13日〔http://www.mext.go.jp/a_menu/shotou/dokusho/link/__icsFiles/afield file/2016/10/13/1378073_01.pdf〕〔2016年11月1日アクセス〕）

　この標準は国が示したものであり、各教育委員会は公立の義務教育諸学校に対して、この目標を達成するように図書の整備を指導していくことが求められているものです。全国学校図書館協議会が示している「学校図書館メディア基準（2000年3月21日制定）」とこの標準の目標蔵書冊数を比較すると、非常に少ないことがわかります。

3-2　学校図書館の現状

　では、充足状況はどうか、文部科学省児童生徒課は、隔年で「学校図書館の現状に関する調査」を実施して、その結果を公表しています。直近の調査結果を見ると、その概要には次の3点が記されています。

　　（1）学校司書を配置している学校の割合は、小・中・高等学校でそれぞれ59.2％、58.2％、66.6％であり、前回より増加している。
　　（2）学校図書館図書標準を達成している学校の割合は小・中学校でそれぞれ66.4％、55.3％であり前回より増加しているものの、その割合は未だ十分ではない状況。
　　（3）学校図書館に新聞を配備している学校の割合は、小・中・高等学校でそれぞれ41.1％、37.7％、91.0％であり前回より増加している。⁽¹⁰⁾

　極端な例を見ると、小学校で達成率が50％未満の学校が全国で262校、学校数の割合では1.3％あります。同様に中学校では286校、割合では13％もあります。特別支援学校では図書標準を達成した小学部がたった14％、中学部が3.7％、これが実情です。
　百科事典や図鑑など共通教材の配置状況も同様です。これらは情報の新しさが求められるものであり、刊行後の時間経過が少ないもののほうがいいでしょう。しかし、調査結果では、刊行後10年以上のものが55.5％と過半数を超えています。情報内容を考えると、10年以上前の百科事典や図鑑は学習には使えないと考えたほうがいいでしょう。

3-3　適切な廃棄と更新

　多くの学校図書館では蔵書数が少ないうえに、古い本がたくさんあります。そのなかには、探究学習に不適切だと思われる資料もあります。例えば、旧国名や旧地名が使われている地理関係の書籍・統計書・図鑑・事典などが廃棄できないまま配架されています。ページの破損などがあり、補修を重ねた蔵書もたくさんあります。当然、廃棄されるべき資料ですが、それらを一斉に廃棄すると蔵書数がごっそりと減り、書架の空きが目立つことにもなります。資料が不足するという事態も生じます。予算も少なく新刊の購入に重点

的に当てると、廃棄・更新が一層難しくなります。また、新学習指導要領が施行されると、教科化されるものがあったり、学習内容が新しくなったりするものもあります。新しい教育内容に応じた学校図書館メディアが当然必要になります。しかし、図書購入予算が少ないなか、学校図書館の充実はなかなか図ることができません。国からの予算充実と、各市町村教育委員会が国からの予算以上の充実を図らないかぎり、現状を変えることはできないし、ましてや学校単独ではできるはずがないことです。

3-4 これからのメディア

　学校ではデジタル教科書導入が進みだしています。ICT 環境の充実も加速化しています。児童・生徒1人に1台のタブレット端末の導入については、私立の学校では、教育の柱として位置づけて一気に進めているところも多くあります。

　図書資料に印刷されている QR コードを読み取ると、ウェブから画像や音声をダウンロードできるようになってきました。ネットワーク系メディア（ウェブサイト、データベース、リンク、パソコン、タブレット端末などの機器）、パッケージ系電子メディア（CD-ROM、CD、DVD、ブルーレイディスク、ICT関連機器など）の積極的な導入が、これからの学校教育の進展に大きく影響することを考えておきましょう。

　全国学校図書館協議会では、学校図書館メディア基準（2000年3月21日制定）で、印刷資料以外にも「オーディオソフト」「ビデオソフト」「コンピューターソフト」の基準を設けています。これらの基準と自校の実情を比較することも必要です。

注

(1) 全国学校図書館協議会編「学校図書館・司書教諭講習資料 第6版」全国学校図書館協議会、2009年、9ページ
(2) 同書9ページ
(3) 同書9ページ
(4) 同書9ページ
(5) 文部科学省から「幼稚園教育要領、小・中学校学習指導要領等の改訂のポ

イント」引用（〔http://www.mext.go.jp/a_menu/shotou/new-cs/__icsFiles/afieldfile/2017/06/16/1384662_2.pdf〕［2017年7月15日アクセス］）。

(6) 株式会社博報堂 DY メディアパートナーズメディア環境研究所「博報堂 DY メディアパートナーズ「メディア定点調査2018」時系列分析より」（http://mekanken.com/cms/wp-content/uploads/2018/05/384db15f3ac2bacb5ef92d09517795c1.pdf）［2018年6月8日アクセス］

(7) 情報通信政策研究所「平成27年情報通信メディアの利用時間と情報行動に関する調査報告書」の公表（https://www.soumu.go.jp/menu_news/s-news/01iicp01_02000064.html）［2016年9月7日アクセス］

(8) 「平成27年 情報通信メディアの利用時間と情報行動に関する調査〈概要〉」総務省情報通信政策研究所、2016年8月、22-23ページ〔https://www.soumu.go.jp/iicp/chousakenkyu/data/research/survey/telecom/2016/01_160825mediariyou_gaiyou.pdf〕［2016年9月7日アクセス］）

(9) 「第61回学校読書調査」「学校図書館」2015年11月号、全国学校図書館協議会、29ページ

(10) 文部科学省児童生徒課「平成28年度「学校図書館の現状に関する調査」結果について（概要）」文部科学省児童生徒課、2016年10月（http://www.mext.go.jp/a_menu/shotou/dokusho/link/__icsFiles/afieldfile/2016/10/13/1378073_01.pdf）［2016年11月1日アクセス］

第7章　学びを支える司書教諭の役割

正岡喜美

1　司書教諭の現状

1-1　島根県の体制

　私が勤務する島根県では、「子ども読書活動推進事業」を掲げて学校図書館を活用した授業の充実に取り組んでいます。学校図書館法では、2003年度から12学級以上の学校には必ず司書教諭を置くことになっていますが、島根県では、12学級以下の学校でも司書教諭が発令され、一校に複数の司書教諭が発令されている学校もあります。さらに、学校司書の配置にも力を入れ、公立のほとんどの学校には司書教諭と学校司書を配置するようになりました。担任と司書教諭、学校司書が連携して、図書館を活用した授業に取り組むことができる体制になっているということです。

1-2　司書教諭の3つのパターン

　各校に司書教諭を配置するといっても、司書教諭の扱いはさまざまです。島根県の場合、大きく次の3つに分けることができます。

　まず1つ目が、学級担任はなく専任として週に10時間から20時間、図書館を活用した授業に入ることができる司書教諭です。松江市立揖屋小学校では2007年度から14年度にかけて専任司書教諭を置いて、図書館活用教育に取り組んでいました。1年生から6年生まですべての学年に関わることで、系統的に図書館活用教育を進めることができます。司書教諭が授業をデザインしてT1（チームティーチング〔T1〕でチーフになる教師）となって授業を進めますが、担任や学校司書と話し合う時間もあるので連携して授業をおこなうことができます。

2つ目は、管理職の理解があり体制が整っている学校、図書館活用教育の研究に取り組んでいる学校などでは、学級担任などをしながら週に3時間から5時間程度、司書教諭としての時間が確保されることがあります。年間を通して継続的に授業に関わることは難しいですが、オリエンテーションや情報活用スキルの指導など必要に応じて担任とTTの授業をおこなったり、重点単元を決めて取り組んだりすることができます。

　3つ目は、司書教諭として発令されてもそのために割ける時間が全くなく、授業に入ることができないパターンです。その場合担任の先生に図書館を活用した授業を進めてもらうために、計画の立案、資料収集やワークシートの作成などの支援をすることになります。図書館活用に理解がある担任の先生であれば、自分でどんどん進めていくことができますが、担任の意識がそこまで高くない場合は、図書館を活用した授業をしない学級もあり、系統的な指導ができません。

　司書教諭や学校司書の配置が進んでいる島根県でも、司書教諭としての時数確保がされていない学校がほとんどです。そのような現状で、図書館を活用した授業をどのように展開していくのか、司書教諭としてどのような支援をしていけばいいのか、模索しながら取り組んできたことを紹介します。

2　読書指導での支援

2-1　読書指導に対する担任の意識

　先生に「どんな読書活動を知っていますか」「司書教諭に指導してほしいことは何ですか」など図書館活用についてアンケートを取ったことがあります。読書指導については、「どんなことを指導すればいいのか、方法がわからない」「子どもに紹介できる本を知らない」という意見が多く、情報活用スキルの指導は担任でもできるけれども、読書指導については司書教諭や学校司書に指導してほしいと考えている先生が多いことがわかりました。

　読書指導のなかでは、「司書教諭に指導してほしいこと」としてブックトーク、読書集会の開催、読書ゆうびん、リテラチャーサークルなどがありました。学校司書は指導する立場ではないので「担任が指導することはできるけれども、学校司書に手伝ってほしいこと」としては読み聞かせや読書への

アニマシオン、本の紹介がありました。

2-2　学習のねらいを意識したブックトーク

特に要望が多かったのは、国語の教科書で紹介している本の読み聞かせやブックトークです。国語の教科書では、単元（教材）に関連して「作者、シリーズの本」や「テーマに関する本」を数冊紹介しています。30人学級に数冊の本では少ないのでほかにも関連する本がないか探しほしい、集めた本を子どもたちが手に取りやすくするためにブックトークをしてほしいなどの要望がありました。

ブックトークや読み聞かせについては、本のスペシャリストである学校司書にお願いをします（学校司書がいない場合は司書教諭の仕事になります）。担任の先生から直接学校司書に依頼がくることもありますが、「どんな学習内容なのか」「どんな本を紹介するのか」という点については必ず司書教諭と学校司書で打ち合わせや確認をすることにしています。

例えば、5年生の国語では宮沢賢治の「注文の多い料理店」⁽¹⁾を取り上げています。担任の先生から「「注文の多い料理店」の学習があるので、ブックトークしてください」ととても簡単に依頼がありました。学校司書は宮沢賢治の本を集めて準備していましたが、この単元は「物語を創作する」という活動につながっていくため、「現実の世界とファンタジーの世界がわかりやすい本」というテーマで紹介してもらうことにしました。また、光村図書の6年国語では「やまなし」⁽²⁾を取り上げていますが、ここでは宮沢賢治の生き方を一緒に紹介しているので、生き方に合わせて宮沢賢治がどういう作品を書いていたのか、どういうテーマをもっていたのかについてブックトークをお願いしました。

教科や学年によってもブックトークの内容が変わってきます。4年生の国語「一つの花」⁽³⁾、6年生の総合的な学習の時間「平和学習」では、どちらも戦争についてのブックトークをしました。4年生では「戦争の背景を知る」というねらいで、6年生は「戦争の時代を生きた人々の思いを知ったり、広島について調べたりする」というねらいでした。4年生のブックトークでは、疎開のこと、戦時の食べ物、防空頭巾やもんぺなどの衣服についての情報を押さえたかったのですが、6年生のブックトークが同時期だったことや島根県は広島に近いこともあり、「原爆」についての話を入れると、子どもたち

写真1　先生による読み聞かせ

の興味は原爆の怖さやリトルボーイという言葉にいってしまい、ねらいが達成できなかったことがあります。

　このように、学習の内容によってブックトークの内容も変わってくるため、学習のねらいや内容を担任に確認したり、その学習に合ったブックトークかどうか学校司書と相談したりすることが、司書教諭の大事な役割になります。

2-3　先生と本をつなぐ読書活動

　春の子ども読書週間、6月の学校図書館の日、秋の読書週間に合わせて、読書集会や委員会による読書イベントなどを開催しています。このとき、先生による読み聞かせや本の紹介を取り入れるようにしています。先生たちの多くは「子どもの本を知らないから読書指導はできない」と考えているので、少しでも子どもがどんな本を読んでいるのかを知ってもらうためです。

　読み聞かせは、担任する学級ではなくほかの学級に出向いておこないます。校長先生はもちろん、保健の先生（養護教諭）も給食の先生（栄養教諭）も事務の先生もメンバーです。先生たちは、学校司書に相談したり近くの公共図書館に出かけて本を探したりして自分で本を選び、自分の子どもを相手にして練習するなど時間を作って準備します。

　読書集会では、読書ゲーム（読書へのアニマシオン）に一緒に参加したり、本の紹介をしたりします。本の紹介カードも書いてもらい、しばらくの間図

写真2　読書ゲームに一緒に参加

写真3　本の紹介のときにもひと工夫

書館に掲示しておきます。

　子どもたちはどの先生がどんな本を紹介してくれるのかとても楽しみにしていて、先生が紹介した本が、すぐに貸し出されてしまうのはいうまでもありません。

　担任の先生も一緒に読書を楽しむことは、子どもたちの読書意欲を高めた

114

写真4　5年生でブックトークをした本の展示

写真5　3年生が作ったポップと本の展示

り読書の幅を広げたりすることにつながっています。担任の先生自身が本に触れる機会、子どもと一緒に読書を楽しむ機会をこれからも増やしていきたいと思います。

2-4　行事や授業と関連した図書館づくり

　図書館の展示や掲示は、学校司書と連携しておこない、季節に合わせたものばかりでなく、学校行事や授業と関連したものにします。そのため、それぞれの学年がどのような学習をおこなっているのか担任の先生と情報交換をしたり、学習に合わせた図書館の展示計画を立てたりすることを心がけてい

ます。

　3年生の国語「世界の民話を紹介しよう」では、あらすじのまとめ方を学習したあと、自分が読んだお話について紹介カード（ポップ）を作り、図書館に展示しました。子どもたちは、自分が書いた紹介カードが図書館に展示されることを知ると、「みんなにわかりやすく書こう」「きれいな字で書こう」と意欲を高めて熱心に取り組み、できあがったものが展示されるとうれしそうに見入っていました。

3　調べ学習（情報活用スキル指導）での支援

3-1　調べ学習の取り組み

　総合的な学習の時間が始まったころ、「何を調べていいのかわからない」「資料を集められない」「個々に応じて指導ができない」と、調べ学習に対して多くの先生たちは苦手意識をもっていました。こんなときに役に立つのが図書館でした。学校司書が資料を収集し、司書教諭が情報の取り出し方などを指導し、担任と3人で子どもたちの活動を支援するという授業を積み重ねていくことで、先生たちは調べ学習を億劫と思わなくなり、さらに子どもたちが生き生きと取り組む姿を見て「やってよかった」と実感された先生がたくさんいました。

　最近では、課題解決学習やアクティブラーニングなどが注目されるようになり、調べ学習が当たり前のようにおこなわれるようになりました。しかし、「○○について調べよう」と言うだけで、調べ方を指導しない、知りたいことがわかる資料を準備できていないということが多々あります。子どもたちが意欲的に調べ学習に取り組み、情報活用スキルを身につけるために司書教諭として取り組んできたことを紹介します。

3-2　学習内容に合った資料収集

　調べ学習をするときにはまずたくさんの資料を準備しますが、子どもたちの実態に合った資料や知りたいことがわかる資料を集めることが大切になります。

　担任の先生から「世界について調べたい」という要望があり、自校の図書

写真6　郷土資料コーナー（安来市立母里小学校）

館の2類の棚にある本（主に各国ごとの本）を集めて渡した学校司書がいました。これで調べ学習ができるでしょうか？

　資料を集めるときにはまず、「どの国について調べるのか」「何を調べるのか」を確認しなければなりません。国の様子や特色を調べて紹介するという学習もあれば、5年生の社会では貿易について、6年生では国際協力について調べたりします。また、調べたことをどのような形でまとめるかによって、写真やグラフが必要になるときもあります。

　1年生の国語では乗り物について調べる学習があります。1年生にも読めるようにと幼児向けの写真で乗り物を紹介している本を集めてしまいがちですが、これでは調べ学習にはなりません。ここで調べてまとめさせたいことは「やく目」「つくり」「できること」の3点なので、これらのことが1年生でも読み取れる資料が必要になるのです。

　このように、調べ学習をするときにも、ブックトークをするときと同じように、学習のねらいや内容をしっかりと把握しなければいけません。

3-3　さまざまな資料の収集

　5年国語「和の文化祭を開こう」(4)という単元では、お茶について調べる児童がいました。島根県の松江はお茶どころとして有名で、松江城の大茶会が

写真7　ファイル資料（松江市立揖屋小学校）

開かれるという新聞記事や松江の「ぼてぼて茶」というお茶を紹介している観光ガイドブックがあったので、これを活用しました。また紙すきについて調べる児童には、紙のすき方を動画で示しているインターネットサイトを紹介しました。十二単衣や束帯について発表した児童は絵を使って紹介したのですが、写真が載っている資料を準備してあげればよかったと反省しました。

年間を通して、そして全学年の学習を見通して、新聞の切り抜きやパンフレット、写真や動画などさまざまな資料を収集したりしておくこと、学習に有効だった資料のリストを作っておくこと、子どもたちに提供した資料が有効だったかどうか評価することを心がけています。

3-4　情報活用スキル指導はなぜ必要か

総合的な学習が始まったころ、情報活用スキル体系表を見た先生のなかで「分類なんか教えなくてもいい。自分も分類なんか教えてもらってないけど本は探せるようになった」と言う人がいました。先生たちのほとんどは、自分が子どものころに図書館を活用して調べ学習をするような授業を経験していません。そのため、分類などの情報活用スキルは教えなくてもできると思っている先生が多いような気がします。しかし、その後「分類なんか」と言っていた先生は、「日本と世界の貿易」について授業したときに「世界のことだから2類にいけばいい」「食料を輸入しているから6類かな」とキーワードと分類とを関連づけながら本を探していた子どもたちを見て、「子どもたちが分類番号で本を探していて驚いた。自分は何のことかさっぱりわからなかった。分類を知っているってすごいですね」と感心しきりでした。先生に情報活用スキルの指導が必要だということを理解してもらうには、子どもが成長する姿、生き生きと活動する姿を見てもらうことがいちばんだと感じました。

また、さまざまな教科などで調べたことやわかったことを新聞にまとめる活動をすることが多いのにもかかわらず、新聞の構成や書き方も指導されない情報活用スキルの一つです。新聞の構成や書き方を知ること自体は国語の学習ではないですし、社会でも理科でもそんな学習はありません。でも、新聞の構成や書き方を知らなければ新聞は書けません。そこで、4年生の国語「新聞を作ろう」という単元では、「新聞の構成、書き方を知る」という情報活用スキル指導を取り入れました。情報活用スキル指導は教科などの学習と

関連させておこなうと効果的だと思います。

3-5　教科の枠を超えた単元構成

　情報活用スキルは、どの教科にも活用することができ、スキルを単独で学習するよりも調べ学習で活用することによって、より身につくと考えています。

　4年生の国語「新聞を作ろう」では、社会科や総合的な学習とも関連させて単元を構成しました。新聞を作るという国語の学習のためだけに、わざわざ見学や調べ学習をすることは時間的にも無理があります。そこで、書く材料には社会科の浄水場見学や総合的な学習の時間での伯太川の調査でわかったことを取り上げることにしました。ほかの年には、社会の消防署見学を取り上げたこともあります。社会科見学に出かけるときには、インタビューの仕方やメモの取り方などの情報活用スキル指導もしました。

　また3年国語「研究レポートを書こう」[(5)]では、教科書教材でレポートの書き方を学習したあと、社会と総合的な学習で取り組んだ「町の祭りを調べよう」を題材にして、調べたことをレポート形式にまとめる学習をしました。

4　コーディネーターとしての司書教諭

4-1　図書館活用教育の4つの重点的な取り組み

　私は、年度初めの職員会（職員向けオリエンテーション）で、全体計画や図書館活用年間指導計画などを提示するとともに、図書館活用教育を学校全体で進めるための4つの重点的な取り組みについて説明しています。

①活気があり、頼りになる図書館づくり
・図書館を活用した授業を効果的におこなうための図書館づくり
・読書推進のための環境づくり

②図書館活用教育を組織的に進める
・担任と司書教諭、学校司書が連携（図書の時間の充実）
・他校（中学校校区、市内）との連携

写真8　夏季研修「読書へのアニマシオン」

③生きる力の基礎となる読書力の育成
・基礎基本となる読み力の育成（必読図書、読書記録など）
・読書の習慣化を目指した取り組み（朝読書や家読）

④図書館を活用した授業の実践
・図書館を活用した授業の実践と積み上げ（指導案の作成）
・系統的・計画的な授業の取り組み

　4つのうち、まだまだ充実した取り組みになっていない、もっと力を入れたいと考えているのが「図書館を活用した授業の実践」です。

4-2　教員向け研修会の開催

　調べ学習など学校図書館を活用した授業が増えてくると、専任司書教諭や司書教諭としての時間数が確保されている学校では、担任主導で授業の流れを作り、司書教諭が情報活用スキルの指導をし、学校司書が資料を収集し、3人で子どもたちの調べ活動の支援をするというTTで授業を進めることが当たり前になってきました。私自身も専任司書教諭と一緒に授業をしたり、

司書教諭としてTT授業をしたりしてきて、「司書教諭は授業に入って、情報活用スキルの指導や読書指導をするものだ」と思っていました。しかし、週に数時間しか活動できず全学級の授業に入ることができない、司書教諭としての時数確保がないという立場になったとき、「授業に入れないなら、司書教諭は何をしたらいいのか」と考えるようになりました。

　司書教諭として授業に入ることができないのであれば、司書教諭がしてきた情報活用スキル指導や読書指導を担任の先生にしてもらわなければなりません。本来、情報活用スキル指導や読書指導は、司書教諭や国語の教員でなければ教えられないというものではなく、どの教科にも関わりがあり、どの先生も知っておかなければいけない基礎的なことです。ただ、自分が子どものころは教えてもらっていない、大学でも取り上げて学ぶことがなかったので、何を教えていいのかわからないのだと思います。

　そこで、毎年夏季休業中には、情報カードの書き方や読書へのアニマシオンなどを実際に先生たちに体験してもらう研修会を開いています。2学期になると、それまで情報カードの存在は知っていたけれども実際に使って調べ学習をしていなかった先生が、「情報カードを使ってみたいのでカードをください」と言ってこられたり「情報カードの指導をしてもらえませんか」とTTの授業を提案してこられたりしました。読書へのアニマシオンをしたときには、「国語の俳句の授業で取り入れたい」「読書集会でやってみたい」とすぐに授業や集会に取り入れてもらえました。

4-3　計画的・系統的な授業の取り組みのために

　担任の先生が図書館を活用した授業に取り組むようになってくると、次に目指したいことは「系統的な指導」です。系統的に情報活用スキルの指導がおこなえるよう、司書教諭は「情報活用体系表」をもとに各教科などでどのように情報活用スキルを指導するのかを考えて、各学年の「図書館活用学習年間計画」を作成します。

　これを参考にしながら担任の先生には授業を進めてもらいますが、年度初めに計画を提示するだけではなかなか徹底しないので、各月にどんな学習をするのかをそれぞれの担任の先生に聞いて回っています。この聞き込み調査をもとに、必要な資料を集めるのはもちろん、授業の流れを提案したり指導案やワークシートなどを提示したりすることができ、時間があるときには

写真9　夏季研修「調べ学習をやってみよう」

TTの授業を計画することもあります。

4-4　コーディネーターとして

　このように「授業に入れないのなら、司書教諭は何をしたらいいのか」を考えながらさまざまなことに取り組んできました。そして、司書教諭とは、教育課程全体を見通し、担任や学校司書と連携をとりながら、図書館活用教育を進めていく、図書館活用教育のコーディネーターだと思うようになりました。

　コーディネーターとして私が目指していることは、「すべての担任が図書館を活用した授業をおこなうことによって、子どもたちが進んで学び、自分

で解決する力をつけること」です。担任の先生や学校司書とのコミュニケーションを大切にしながら、図書館活用教育を学校全体に広めていきたいと考えています。

注

(1) 宮沢賢治「注文の多い料理店」『新しい国語五』所収、東京書籍、2015年
(2) 「やまなし」『国語 六 創造』所収、光村図書出版、2015年
(3) 「一つの花」『新しい国語四』所収、東京書籍、2015年
(4) 「和の文化を受けつぐ」『新しい国語五』所収、東京書籍、2015年
(5) 「調べて書こう、わたしのレポート」『新しい国語三 上』所収、東京書籍、2015年

第8章　教師を支援する
―― 学校図書館活用教育とICT活用教育

石橋邦彦

はじめに

　島根県は、「"子ども読書県しまね"を標榜し、幅広い県民運動として一層の推進を図る！」という島根県知事の方針のもと、2004年度から「島根県子ども読書活動推進計画」を掲げて、読書活動の推進、学校図書館活用教育の推進のために学校図書館の充実に努めています。現在はその3期目にあたり、県内の全小・中学校で取り組みを一層進めています。

　私は、小学校の教頭、島根県教育庁浜田教育事務所指導主事を経て現任校の校長を務めています。指導主事時代は学校図書館も担当しました。そこでここでは、管理職の立場と指導主事の立場から、教師に対する支援について述べます。

　島根県美郷町立邑智小学校は、広島県北広島町から島根県江津市へと流れる江の川の中流域で、三瓶山など美しい山々に囲まれた自然豊かなところに位置する小規模校です。

　美郷町には、小学校が2校、中学校が2校あります。2015年度から美郷町では、小学4年生から中学3年生までのすべての子どもたちに1人1台のタブレット端末を貸与するなど、ICT活用教育に力を入れています。また、15年6月に邑智小学校と隣接する美郷町役場の敷地内に町立図書館・本の森がオープンし、読書環境も充実しました。

　このような背景もあって邑智小学校では、「学校図書館活用教育」と「ICT活用教育」を特色ある学校づくりの中核として位置づけ、その推進と充実に力を入れています。学校独自のキャラクター・いもししに加え学校図書館のキャラクター・ブクローもできあがり、本校学校図書館ブクローの森

図1　いもしし（左）とブクロー（右）

写真1　島根県美郷町立邑智小学校
児童数：190人　　学級数：通常学級7、特別支援
学級1、通級指導教室1

には、たくさんの子どもたちが集まってきています（図1）。

1　学校図書館は宝石箱

1-1　ぬくもり

　島根県では「人がいる図書館」を目指し、すべての小・中学校に学校司書や司書ボランティアを配置しています。私は、指導主事として学校訪問をするたびに、可能なかぎり学校図書館をのぞきました。どの学校でも図書館への入り口は、なかへといざなう看板や掲示物で飾られていました。季節によって、あるいは行事によって模様替えをする、とても手が込んだ装飾をする学校もたくさんありました。中に入ると、書架などの配置の工夫はもちろんですが、足が伸ばせるように畳が敷いてあったり、ゆったりと座れるソファや書架の前でちょっと座れる丸椅子が置いてあったりと、子どもたちが図書館に入ること自体にわくわく感を感じられるような空間がつくられていました。また、学習や行事などと関連づけた特集コーナーなど、つい本に手を伸ばしたくなるようなさまざまな仕掛けが工夫されていました。どの学校も「人のぬくもり」と「本のぬくもり」が感じられるすてきな空間でした。こんな図書館ならば、休憩時間には多くの子どもたちでにぎわうにちがいないと思いました。また、「うちの学校の自慢は、この学校図書館です」と目を

写真2　島根県内中学校の学校図書館（左：10月、右：12月）

輝かせて答えてくれる子どもたちがたくさんいました。

　私はこれまで島根県内のたくさんの小・中学校を訪問し、学校図書館を見せてもらいましたが、そのすべてが温かくすてきな空間でした。以前あったような、入り口には鍵がかかり、中はひんやりした空気が漂う図書館はどこにもありませんでした。

「人がいる図書館」を目指して学校司書や司書ボランティアを配置したことで、島根県内の学校図書館は劇的に変化したことを学校訪問のたびに実感しました。それは、人を配置しただけではなく、優れた図書館を研修用 DVD『学びを支え心をはぐくむしまねの学校図書館』などで紹介したり、各種研修会で学校図書館についての講義や演習をおこなったり、私のように学校訪問の際に学校図書館について話題にしたりと、島根県教育委員会が予算面の援助や取り組みへの支援などを地道にかつ一斉におこなった結果だと考えています。研修会などを通して各学校の学校司書や司書教諭の間にネットワークができ、情報交換や相互交流を頻繁におこなうようになったことや、近隣のネットワークのなかに中心となる学校司書や司書教諭が現れ、自校の学校図書館の整備を率先して進めたことで、周辺の学校の底上げが図られたことも、広く劇的に変化したことの理由でしょう。

写真3　桜江小学校の学校図書館（温かくすてきな空間）

1-2　学校図書館パワーアップ事業

　私が以前教頭を務めていた江津市立桜江小学校は、「島根県子ども読書活動推進計画」をもとに始まった「学校図書館パワーアップ事業」の指定校になりました。そこで、司書教諭と学校司書が中心になって、島根県教育委員会が発行したDVD『学校図書館大改造』を参考に新しい学校図書館の青写真を描き、手順を考えて、夏休みの間に職員総出で学校図書館の大改造をおこないました。普段あまり持ち慣れていないのこぎりや金づち、刷毛などを手に、みんなでアイデアを出し合いながらおこなう作業はとても楽しく、夏の暑さを忘れるほどでした。夏休みの宿題として職員に課した「新生図書館を飾る一人一作品」も好評（?）で、ひそかに作って図書館の飾り付けに一役買っていました。

　2学期の始業式に改造後の図書館に初めて入った子どもたちの歓声と驚いた顔はいまでも忘れられません。

　「教頭先生、○○の棚がほしいです」「壁に掲示板があるといいです」と学校司書や司書教諭から要望が出ることがしばしばありました。既製品は高価なため、事業費はたちまち底をつきます。そこで可能なものはできるだけ手作りすることにして、しばしばホームセンターに立ち寄って材料を調達しま

した。他校で見たものを参考にして作った掲示板や展示棚、教材室の奥に眠っていた使われなくなった教材を再利用して作った小物など、要望されたものや要望以外の手作り品を渡すと学校司書や司書教諭は大いに喜んでくれました。子どもたちも職員の手作りと知り、余計に愛着をもって使ってくれました。

こうした指導主事や教頭の経験を通して、学校図書館は光り輝く宝物がたくさん詰まった空間であり、ぬくもりがある魅力的な場所である、まさに宝石箱だと考えるようになりました。

邑智小学校に校長として赴任した現在もその思いは変わらず、校長室からいちばん遠い場所にあるにもかかわらず宝石箱・ブクローの森に毎日通っています。

1-3　邑智小学校の宝石箱

邑智小学校は、2004年4月に6つの小学校が統合してできました。美郷町邑智エリア全域が校区であるため、多くの子どもたちはスクールバスで通学しています。元気よくバスから降りてくる子どもや徒歩で登校する子どもたちのなかには、バスのなかで本を読んだり、本を小脇に抱えて歩いたりする者もたくさんいます。これまで県内の学校と同様に、学校図書館の環境を整えるとともに、読書好きの子どもたちを増やすためにさまざまな取り組みを工夫してきた成果だと考えます。

その取り組みのいくつかを紹介します。

①学校図書館運営委員会

邑智小学校には学校司書を配置していて、司書教諭とともに学校図書館ブクローの森の管理・運営にあたっています。私は、校長であるとともに学校図書館の"館長"であるとの思いから校舎内を見て回るときには、必ずブクローの森に立ち寄るようにしています。また、学校図書館運営委員会（校長、教頭、司書教諭、学校司書）を設置して、積極的に学校図書館の運営に関わるようにしています。年間数回開催する委員会のなかで「キャラクター」や「保護者ボランティア」「図書館まつり」などたくさんのアイデアを出して、早速に実現させました。

写真4　職員総出の学校図書館大改造

写真5　職員手作りの掲示板や展示棚

②校舎全体が図書館

　邑智小学校の学校図書館は校舎3階のいちばん端にあり、広いスペースが
あるわけでもなく、決して恵まれた条件とはいえません。そこで、校舎全体
を図書館と見立て、校舎のあちらこちらにブクローの森につながるスペース
を設けました。昇降口を入った正面に「パノラマ ブクローの森」、階段の踊
り場に「スモール ブクローの森」、図書館前の廊下に「ロード ブクローの

写真6　桜江小学校の学校図書館（さまざまな手作り品）

森」、教室のロッカーの上に「お出かけ ブクローの森」があり、季節や話題に応じた本を並べたり、掲示物を貼ったりして本の紹介をしたり、学習につながるような本を並べたりしています。子どもたちはそこで立ち止まり、本を手に取って読んだり話をしたりしています。

　パノラマ ブクローの森は、1カ月ごとにテーマに沿って変化します。写真で紹介したほかに、4月の4年生の田んぼの生き物調査に合わせた「田植えの季節」、5月の「オバマ大統領の広島訪問」、9月の「オリンピック・パラリンピックでの島根県出身選手の活躍」、11月の「職員のおすすめ図書」、10月の「落語シリーズ」など、いろいろな企画で子どもたちの興味をそそるようにできています。

　3年生の国語の授業では「自然のかくし絵」という学習をします。その学習に合わせてロッカーの上には「自然のかくし絵」に関わる本がズラッと並びました。担任と学校司書が話して「お出かけ ブクローの森」を開きました。そこには虫カゴが置いてあり、なかに本物の虫が隠れていました。こう

写真7　美郷町のスクールバス

写真8　学校図書館運営委員会の活動の様子

したちょっとした工夫が、子どもたちを刺激し、調べてみようという意欲に
つながります。

③みんなでつくる学校図書館

　学校図書館を充実させるには、図書館運営委員や図書委員会の子どもたち
だけでは限界があります。いろいろな立場の者が携わることで、思いもしな
いアイデアがもたらされたり、関わりが生まれ学校図書館に親しみがわいた
りします。また学校図書館でさまざまな催しをすることで、多くの子どもた
ちがやってきます。このように学校図書館は「みんなでつくる」ものという

卒業式を控えた卒業生が、下級生に自分のお気に入りの本を紹介している。

写真9　パノラマ ブクローの森

発想が重要だと考えて実践しています。

④感性を磨く学校図書館

　邑智小学校は「知・徳・体の調和的な発達をもとに自立・共生するための力を育てる教育」という学校教育目標を掲げ、日々教育活動に取り組んでいます。また、「感性を磨く」ことを重視し、五感を使った体験活動や本物に触れる活動をおこなうようにしています。よい本と出合うことや温かい環境のなかに身を置くこと、興味・関心を刺激されてわくわくすることなどが、子どもたちの感性を磨くことになると考え、学校図書館を充実させることに力を注いでいます。

　その一つに、中学生による読み語りがあります。邑智小学校と邑智中学校は隣接していて、交流も盛んにおこなわれています。邑智中学校の広報委員会の生徒が小学校に来て、朝の読み語りを全学級でおこないました。邑智小学校を卒業し少し離れた存在に感じていた中学生が、小学生のために読み語りをしてくれるのはとても新鮮だったようで、子どもたちは目を輝かせてしっかりと聞いていました。中学生にとっても、久しぶりに入る小学校の教室

夏休み前に、新刊や課題図書、図書委員のお薦めの本を紹介している。

写真10　ロード ブクローの森とスモール ブクローの森

写真11　お出かけ ブクローの森

や後輩たちの顔に懐かしさを感じ、一層張り切って読み語りをしていました。特に小学1年生や2年生におこなった「デジタル絵本」の読み語りはとても好評で、アンコールが起きて中学生もそれに応えてくれました。

⑤図書館での授業

　各学年で、担任と司書教諭、学校司書が協力して図書館での授業をおこなっています。調べ学習だったり、図書館の使い方だったりと、年間指導計画

写真12　秋の図書館まつり

写真13　5年生と1年生のペア読書（左）と図書館での授業公開（右）

写真14　保護者ボランティア活動（左）と読み語りボランティアの活動（右）

と学級の実態に応じた授業です。子どもたちには新たな学びが多くあり、ど
の学級でもとても意欲的に学習しています。司書教諭が主体となり、担任と
学校司書と事前に内容や進め方を話し合い、実施しています。担任にとって

写真15　中学生による読み語りとデジタル絵本の読み語り

写真16　学校図書館での調べ学習と町立図書館でのブックトーク

は、司書教諭が専門的な指導の部分を担ってくれ、子どもたちの力が伸びていくので、とても好評です。

　また、邑智小学校は町立図書館が近くにあるので、町立図書館に行って司書にブックトークをしてもらったり、公共図書館の利用の仕方を教えてもらったりしています。このようにその場で授業をおこなうことは、子どもたちにとってとても有効です。

2　手をつなぐ学校図書館とICT

2-1　恵まれたICT環境

「はじめに」でも述べましたが、美郷町では2015年度から、小学4年生から

写真17　恵まれた ICT 環境

中学3年生まで1人1台のタブレット端末を貸与するなど ICT 環境はとても整備されていて、町内の各学校（小学校2校、中学校2校）で、その効果的な活用法を探っています。主な設備を紹介します。

電子黒板（StarBoard）
50インチテレビ
DVD プレーヤー
教師用ノートパソコン
書画カメラ
Apple テレビ
無線 LAN アクセスポイント

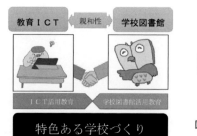

図2 特色ある学校づくり

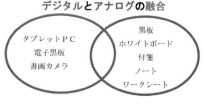

図3 特性を生かした授業づくり

タブレット端末 (iPad)
充電保管庫
キーボード
ヘッドセット
タッチペン　など

2-2　邑智小学校のICT

　1人1台のタブレット端末が貸与された当初は初めて触る職員も多く、手探りの状態でした。タブレット端末を使うことが手段ではなく目的になった授業が多く見られ、教育ICTの効果を十分に引き出せませんでした。しかし、実践を進めるうちに、「デジタルかアナログか」を議論するのではなく、「デジタルもアナログも」という考え方でいたほうがやりやすく、成果も上がることに気づかされました。

　「教育ICT」と「学校図書館」は相反するものではなく、両者には親和性があり、互いに補完し合うものだと考えるようになり、特色ある学校づくりの中核に「ICT活用教育」と「学校図書館活用教育」を置いて取り組むことにしました。

　ICT活用教育と学校図書館活用教育はどちらも重要で、互いに補完し合うものであり、低学年の段階から計画的に取り組んでいかなければなりません。実践を重ねてきて、「取り組む順番は、アナログが先である」と考えるようになりました。先にデジタルに力を入れると、子どもたちはネット検索などで安易に答えを求めてしまい学習が深まりません。また、学校図書館で求める資料に自力でたどり着くことができません。一方、学校図書館活用教

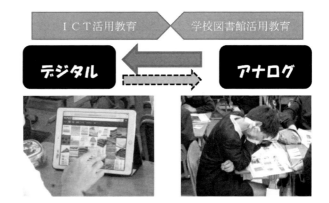

デジタルもアナログも

図4　教育 ICT と学校図書館活用教育

写真18　ICT を活用した授業

育で資料の求め方・まとめ方などを学んでおくと、タブレット端末を使って調べたりまとめたりする学習に抵抗感をもちにくいようです。

　それは、図書資料を使うかどうか、図書館を使うかどうかだけではありません。デジタルとしてタブレット端末や電子黒板、書画カメラを使った授業でも、黒板を非常に大事にしています。黒板には、めあてや見通しが示されていたり、子どもたちの考えが書いてあったりします。授業が終わるころには、まとめも書かれていて、その時間の学習をしっかりと振り返ることができます。

　教育 ICT はあくまで学習のツールであり、使うことを目的にしてはなり

ません。しかし、互いの考えを共有したり全体で確認したりするには、とても優れたツールです。学校図書館活用教育とうまく組み合わせて授業をつくることで、子どもたちの「学ぶ力・学んだ力」は伸びていくといえます。

3　学校図書館が輝くために

　これまで私が目にした島根県内にある優れた学校図書館や、職員とともに学校図書館を宝石箱にするために取り組んできたことを述べてきました。学校図書館が輝き始めた要点は、「仕掛け」と「仕組み」と「担当者の思い」にあると考えています。

3-1　仕掛け

①なぜやるのかを伝える

　島根県内の学校では、「学校図書館活用教育」に力を注がなければならないことは知られています。しかし、学校間や職員間の温度差があると聞きます。やらなければならないことはわかっていても、なぜやらなければならないのかまでわかっていなければ負担感ばかりが増し、いい取り組みにはなりません。一方、取り組みが進んでいる学校を訪問して職員と話をすると、なぜやっているのかが熱く語られ、思いがしっかりと伝わってきます。

　島根県では学校図書館活用教育は「豊かな人間性や情報活用能力を育成し、生きる力を培うことを目標に、学校のカリキュラムに学校図書館を統合した形で取り入れて進めていく教育」と整理されています。私は、このことを理解したうえで、場づくり、蔵書の整理、人材配置、人材養成、推進体制を整備して使える学校図書館にしていく必要があり、教科の学習、家庭学習、学校行事などと学校図書館をつないでいくなど、「学びをつなぐ」一つの方法として学校図書館が存在するのだと考えています。また、小学校に入る前の乳幼児期、小学校、中学校までの子どもの成長を図書館活用教育によってつなぐ、つまり「育ちをつなぐ」ということに、学校図書館活用教育を推し進める理由があると考えています。

　なぜいま「学校図書館活用教育」「ICT 活用教育」なのか、自分なりに整理し、職員にしっかりと伝えてきたことが、勤務校で一歩を踏み出すことに

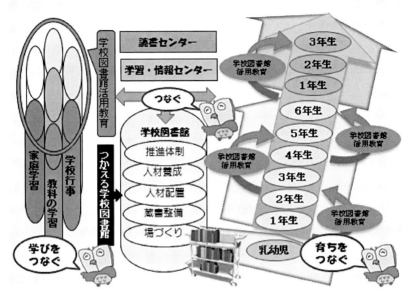

図5 「つなぐ」学校図書館

つながったのだと考えます。

②登るべき山を示し、一歩前を照らす

　なぜやるのかがわかっても、どこに向かうのかが明確でなければ、空回り
をしてしまいます。また、ゴールが遠くにありすぎても、迷い道に入ってし
まいます。そこで、管理職や担当者は、学校図書館活用教育やICT活用教
育に取り組みながらどこを目指すのかを明確に示すことが必要です。そして、
相手の様子に合わせてスモールステップで具体的な提案をしていくことが必
要です。うまくいけばしっかりと称賛し、うまくいかなければ励まし、とも
に改善します。前を照らしたり、横から励ましたり、後ろから支えたりとい
った姿勢が必要です。

③かけ声だけでなく、具体的に提案する

　「学校図書館を充実させてください。あとは任せます」と管理職に言われる

と、意欲が高まる人も多いでしょう。しかし、何をどうやっていいのか、どこまでやっていいのかがわからず、やりたいことを躊躇してしまうことがあるのではないでしょうか。校長は学校図書館の館長でもあります。学校図書館に通って、具体的な提案をしてみてはいかがでしょうか。学校司書も司書教諭も、校長の思いを受け止め、実現させてくれるにちがいありません。

④対話を重ね、ともに考える

　また、学校司書や司書教諭と対話を重ねることで、課題も明確になってきます。課題を解決する方法をともに考えるなかで、よりいいアイデアが生まれることもあります。学校図書館運営委員会など話し合いの場を設けるだけでなく、校内を回っているときにも学校図書館に立ち寄り、立ち話をしながら対話を重ねることも必要だと考えます。

⑤心を揺さぶり、やる気スイッチを入れる

　理科教育の研究をしていた小学校には、学校図書館と理科の授業をつなぐ仕掛けがありました。それをつなぐのは学校司書や管理職です。学校図書館の前に「理科読のコーナー」を設置し、理科の授業に関わる図書を置いたり、興味・関心がわくような展示物を置いたり、理科の授業につながる読み語りをしたりと、いろいろな仕掛けが見られました。子どもたちは、そうした仕掛けによって心が揺さぶられ、興味・関心や学習意欲が高まり、理科の授業で熱心に学んでいました。授業で新たな疑問がわくと、理科読コーナーや学校図書館にある図書で調べて解決したり、先生に質問したりしていました。その結果、次の授業への意欲が高まり、予習や復習をして授業の準備をしていました。授業と学校図書館がつながり、「好循環」が起きたといえます。

3-2　仕組み

　学校図書館活用教育の最前線で子どもたちに向き合うのは授業者です。授業をしっかりとおこなうことが、学校図書館の輝きが増すことにつながります。

　そのためには、授業者を支える仕組みをどのように作っていくかが重要になります。各学校の実態によって違いますが、私は物事を考えるときに、関係者双方がよくなる（win win）というだけではなく、近江商人の考え方

図6　授業と学校図書館をつなぎ、好循環を引き起こす

ヘビのぬけがらが展示してある。
見つけた日時と場所は書かれている。
ここまではよくあるが、ここからが見事で
ある。
名前　　ずかんで調べてね！
長さ　　なんと！
としか書かれておらず、そばに図鑑と１メ
ートルものさしとルーペが置かれていた。
子供達が調べる様子が目に浮かぶ。

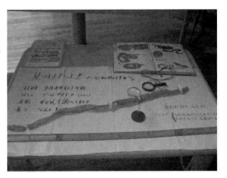

図7　見事な展示コーナー

「三方よし：売り手よし、買い手よし、世間よし」のように、みんなにとっ
ていい仕組みを考えるようにしています。司書教諭や学校司書、管理職の後
方にはさらにネットワークが広がっているので、そうしたことも考慮してい
くと、よりしっかりとした仕組みができあがっていきます。こうした仕組み

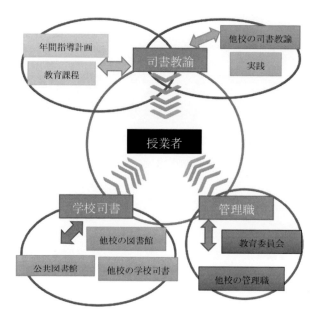

図8　授業者を支える仕組み

　があれば、授業者へのサポートが厚くなり、授業がやりやすくなります。
　邑智小学校では夏休みに学校図書館に集まり、学校図書館活用教育に関す
る教育研修をおこなっています。司書教諭が授業者、教員が生徒になり、調
べ学習のやり方を体験したり、島根県教育委員会が発刊している研修用
DVD を視聴したりしています。こうした研修も授業者を支えることになり、
授業の充実へとつながっています。

3-3　担当者の思い

　邑智小学校の学校司書と司書教諭は、学校図書館に熱い思いをもっていま
す。

学校司書として思うこと
　私は学校司書として、「本を通して子どもたちと喜びを分かち合うな
かで、感性を育てる」ということを大切にしていて、そのために本の

写真19　夏休み中の学校図書館での職員研修

　おもしろさや読書の楽しさをどう伝えればいいかを考えている。子ど
もたちが学校図書館に本を借りにきたときに、本をどう手渡すかで大
きく違ってくると思っている。そこで私はその一冊の本を大切にし、
言葉を添えて渡すようにしている。学校図書館にいざなう掲示物もも
ちろん大切だが、学校司書の口から語られる言葉によって本の楽しさ
やおもしろさは一層伝わると思っている。また、私は「心に残る読み
語り」も大切にしていきたいと考えている。いつも同じ人ではなく、
いろいろな人が読み語りをすることが子どもたちの人格形成につなが
ると思っている。
　先月から「ブックトーク」に力を入れ始めた。司書教諭や校長先生
と相談しながら、選書に偏りがないように気をつけている。担任以外
の先生にも協力してもらい、たくさんの人と力を合わせて取り組んで
いる。おかげで、子どもたちは本をたくさん借りにくるようになった。
　校長先生は、学校図書館によく来られ、私の話もよく聞いてくださ
る。私たちの思いをわかってくださるので、意欲がわいてくる。また、
適切な助言もあり、勉強になる。先生方とうまくやっていくには、ち
ょっとしたコミュニケーションが大切だと考えている。先生方と「立
ち話」をするなかで、アイデアがひらめき、新しい動きが生まれてく
る。先生方は忙しそうだから、動きをよく見ていて声をかけるように
している。「職員会議に出られない」とか「自分の声が届かない」など
と嘆く学校司書がいるが、私は学校司書の仕事を理解してもらい、活
用してもらうにはどうすればいいかを考えるようにしている。学校司

書の仕事には、人と人とがつながっていくことが大事だと思っている。

　先月から保護者の「図書館ボランティア」が始まり、本の修理や登録、環境づくりのお手伝いをしてもらっている。図書館を中心とした活動の広がりが出てきた。

　美郷町には小学校が2校、中学校が2校ある。みさと本の森（美郷町立図書館）を拠点に各校がつながっていくことが大切だと考えている。そこで、司書教諭の発案で、学期に1回学校図書館と本の森のスタッフの食事会を始めた。4校の学校司書や司書教諭と本の森のスタッフが集まり、食事をしながらいろいろな話をするなかで人と人とのつながり、ネットワークがうまく機能し始めたと思う。邑智小学校はみさと本の森の近くにあるので、スタッフにも力になってもらい、みさと本の森で公共図書館の雰囲気やマナーを学ぶことができる。まさに生涯学習につながると考えている。

　私は、少しでもいいものを求めていく私自身の姿を見せていきたいと思っている。そのことが子どもたちに「生きる力」を育むことになると考えている。学校司書というのは本当にいい仕事だと思う。子どもたちが本を楽しそうに読んでいる姿を見ると、仕事冥利に尽きる。

司書教諭として思うこと

　私は司書教諭として、「子どもたちに本のよさ、楽しさを少しでも伝えていきたい」「本っていいな、楽しいなと感じ、読書を愛好する子どもたちを育てていきたい」という思いで日々取り組んでいる。

　そのために、私自身がアンテナを高く張り巡らし、いま話題の本やスポーツなどで活躍している人の本、子どもたちに人気の本などを中心に、たくさんの本を読むことに心がけている。そして、よかった本については学校で購入し、廊下に展示したり図書館だよりで紹介したりすることで、子どもたちや保護者、職員に届けていくようにしている。紹介した本を読んでくれて「楽しかった、よかった」というような感想を聞くと、とてもうれしくなる。前日に見たテレビ番組のことを話題にするように、「あの本よかったね」と読んだ本についての会話が日常的にできるようになれば最高だと思う。

邑智小学校では、調べ学習はまだ十分とはいえないが、司書教諭として図書館活用のオリエンテーションや図鑑の使い方、百科事典や年鑑の使い方などスキルに関することは、いろいろな学級に入って担任の先生と一緒に指導をしている。しかし、教科のなかでの学習については、担任の先生に任せきりという部分が大きく、いい取り組みを全員で共有していくことができていない。職員研修の機会を多くもち、お互いの取り組みを共有していく必要を感じている。

　邑智小学校の自慢は、「雰囲気がいい職員集団」と「経験豊富な学校司書」である。管理職も、学校図書館について理解を示してくれ、やりやすい。邑智小学校の学校司書は「本が好き、子どもが大好き」という方で、さまざまなことを提案し、図書委員会の子どもたちも巻き込んで活動してくれている。例えば、1学期に1年生がよもぎ団子作りをしたときには、「よもぎだんご」という本を片手に、登場人物の"ばばばあちゃん"に扮して読み語りをし、1年生の子どもたちと一緒によもぎ団子作りに参加してくださった。1年生の子どもたちは、その後も学校司書のことを"ばばばあちゃん"と呼んで親しんでいる。邑智小学校の学校司書の温かい人柄のおかげで、図書館が子どもたちの居場所にもなっている。

おわりに

　管理職や指導主事として学校図書館に関わるようになって10年近くが過ぎました。優れた実践に学ぶ機会もたくさんあり、目の前の子どもたちのために、先進校に少しでも近づこうと努力してきました。しかし優れた実践はかげろうのようで、いまだそこにたどり着けずにいます。しかし、後ろを振り返ってみると、そこには自分の足跡がしっかりと残されていました。今回、その足跡を拾い集めてまとめてみました。少しでも読者のみなさまの参考になれば幸いです。

　私は、何かを始めるとき「ゼロからのスタート」と考えるのは避けるようにしています。各学校には、諸先輩が残してくださった優れた実践がたくさんあります。その実践を見直し、整理し、そこに「自分の＋1」を加えるよ

うにしています。3つの間（時間、空間、仲間）にひと手間（＋1）加えることで、再び輝き始めることがたくさんあります。初めから大きなことを考えるのではなく、「＋1の発想」をもって、学校図書館が宝石箱になるように再び歩を進めてほしいものです。

第9章　学校図書館メディアの管理
——学校司書の役割

長田由美

　2014年6月に学校図書館法が改正され[1]、学校司書が法的に位置づけられました。学校司書の役割については「学校図書館の運営の改善及び向上を図り、児童又は生徒及び教員による学校図書館の利用の一層の促進に資する」とあります。学校司書は各学校の状況に応じて司書教諭と協力・分担して学校図書館の運営に関わりますが、本章では学校司書が担う役割を学校図書館メディアの管理を中心に述べていきます。学校司書にはメディアの専門家として学校図書館メディアを整え学校図書館の基盤づくりに尽力することが求められます。

1　学校図書館メディアとは

　学校図書館法第2条[2]には、「図書、視覚聴覚教育の資料その他学校教育に必要な資料（以下「図書館資料」という。）」という記述がありますが、1998年から学校図書館司書教諭講習の科目名として「学校図書館メディア」[3]という用語が使用され、学校図書館では資料を表す表現として使われています。「学校図書館メディア」とは、学校図書館資料に情報や情報手段も含めた概念といえます。学校図書館ではどのようなメディアが必要なのかを、学校図書館の機能と照らし合わせてみてみましょう。

1-1　児童・生徒の学習活動の支援

　学校図書館は学習センターとして、児童・生徒の学習を支援するメディアを収集します。学習指導要領には学校図書館などで「調べる」ことについて多くの記述があり、こういった「調べる」学習のためのメディアが必要です。

百科事典や図鑑などの参考図書類はもちろん、各学年の各単元の内容に沿ったメディアの収集をしましょう。教科学習だけでなく、教科横断的な学習や探究的学習をおこなうには、多面的に調べることができるように、メディア収集の工夫が必要になります。

　メディアが充実していると、例えばトマトを調べるときに、植物図鑑で植物の特徴を、園芸の本で育て方を、食品加工の本で加工方法を、料理の本で調理法をそれぞれ調べることが可能になります。

　整備前の学校図書館では読み物以外のメディアが極端に少ない場合がありますので、整備にとりかかる際には中長期的な計画を立てて収集するといいでしょう。

1-2　児童・生徒の読書活動の促進

　読書は、想像力を豊かにし、論理的な思考力を養うなど、児童・生徒にさまざまな力を獲得させます。学校図書館は、児童・生徒が読書を習慣化することをも目指し、読書の機会を保障する場にしたいものです。小説だけでなく、伝記や紀行文、随筆などのノンフィクションも充実させ、さまざまな読書体験を提供します。

1-3　児童・生徒の情報活用能力の育成

　一つのことを調べるときに、図鑑や百科事典などの印刷メディアとインターネット検索の両方を使用し、得た情報を比較検討することができる環境を整えます。情報元によってどういった違いがあるのかを知り、正しい情報にたどり着くためにはどうしたらいいのかを「調べる」ことから学びます。学校図書館が児童・生徒のちょっとした疑問を「調べる」ことができる場所になることを目指します。

1-4　教師の調査研究活動の支援

　教師の教材研究のためのメディアを提供することも学校図書館の大切な役割です。教師自身の調べものに学校図書館が役立つことが、学校図書館を学校全体で活用していこうという機運を高めるきっかけになります。また、児童・生徒の学習成果を収集し、デジタルデータにするなど活用しやすい保管方法を考えましょう。例えば地域を調べる学習で、前年度までの児童・生徒

写真1　新聞・雑誌コーナー

が調べた内容を活用することができれば、単元ごとの限られた時間のなかで学習を深める手助けになるでしょう。

2　学校図書館メディアの種類と特性

　学校図書館メディアの種類を知り、それぞれの特性を知ったうえで収集と管理をします。特に学校司書には、メディアの取り扱いについて専門的な知識を獲得するよう取り組んでほしいと思います。

写真2　パンフレットボックス

2-1　印刷メディア

・図書
・逐次刊行物（新聞、雑誌など）
・パンフレット、リーフレットなど
・地図、楽譜
・クリッピング資料
○逐次刊行物は保存期限を決めておきます。
○パンフレット類はファイルしたり、書類ボックスに入れたりして利用しや

写真3　クリッピング資料

すいよう保管しましょう。

○クリッピングとは、新聞記事などの切り抜きのことです。地域情報などのテーマごとにファイリングすることで、情報を活用しやすくします。

2-2　視聴覚メディア

・音響メディア（CD など）

・映像メディア（DVD など）

・その他

○視聴覚メディア（電子メディアも含む）に関しては、学校図書館に再生機器を設置して活用できる状態にします。図書には付属資料として DVD や CD がついている場合もあり、内容を児童・生徒が確認するための機器を図書館内に設置します。

○視聴覚メディアは技術革新によってメディアもその再生機器も変化していきます。再生機器が入手できなくなり、再生が難しくなる場合もあります。

○音楽や映像コンテンツは電子メディアとの線引きが難しくなっています。

2-3　電子メディア

・CD-ROM など（パッケージ系メディア）

・WEB 上の情報（ネットワーク系メディア）

・オンラインデータベース

・電子書籍

○ WEB 上の情報はリンク集[4]を作成し、学校図書館ウェブサイトや児童・生徒が使用する図書館内のパソコン上に保存すると便利でしょう。

2-4　実物メディア

・模型、標本

・児童・生徒の作品

○情報を実物で確認したり、実物を調べる経験をしたり、「調べる」ことのきっかけとして活用します。学校のさまざまな場所で保管されている民具や植物の種などを図書館で実物メディアとして登録し、活用します。例えばイネを調べているときに、モミは理科室に、脱穀機は展示コーナーに、わらじは社会科資料室にあるということが学校図書館でわかると、学習を深める手

助けになります。学校内でどの実物メディアを登録しているのかを情報共有することが必要です。

3　メディア構築の前に

　学校図書館を取り巻く状況を把握することで、現実的で効率的なメディア構築計画を立てることが可能になります。

3-1　地域や学校の特色の把握

　学校が立地する地域や学校の特色は、メディア構築の方針に影響します。その地域はどんなところなのか、学校の目指す方針はどういったものなのかを知ることが必要です。同じ自治体内にあっても、学校の特色や目指すものはそれぞれ異なっています。学校に配属された当初は、地域の特色なのか学校の特色なのかわかりにくいものですが、地域のほかの学校との情報交換などを利用して確認しましょう。

3-2　学校図書館活用の現状の把握

　学校図書館活用に対して取り組む姿勢は自治体によって異なりますし、学校ごとにも教職員の意識や認知度に差があり状況が異なります。学校図書館の整備段階や図書館活用年間計画などから学校図書館活用の現状を把握しましょう。

3-3　公共図書館との連携状況の把握

　地域の公共図書館がどのような学校図書館支援サービスをおこなっているかを調査しましょう。学校などへの団体貸出をおこなっているか、配送の仕組みはあるか、地域によって異なっているためです。一般用とは別に学校に貸し出すための児童書のコレクションをもっている公共図書館もありますし、公共図書館と学校図書館が図書館システムで連携していて相互貸借をしている地域もあります。そういった地域の図書館ネットワークの状況を把握しましょう。地域の公共図書館が学校図書館支援を全くおこなっていない場合には、学校図書館からはたらきかけることも必要です。

3-4　学校図書館の現状の把握

　学校図書館のこれまでの運営状況を確認しましょう。学校司書が常駐してきたのか、司書教諭の関わりがどの程度あったのかなど、これまでの管理がどうだったかを確認することが必要です。また、学校図書館関連規則や図書原簿の現状についても確認しましょう。

4　学校図書館メディアの構築

　メディア構築は「選択・収集」「配列・整理」「維持・管理」「除架・除籍」の作業が円環状になっていて、繰り返しおこなうことで全体が完成していくというイメージをもつと理解しやすいでしょう。学校図書館の状況を分析し、円環のどのあたりの作業からおこなうのがいいのか考えてみましょう。例えば「新しい本が多く除籍の必要はなさそうだが、日本十進分類法（NDC)⁽⁶⁾の順番に並んでいない」という場合は、「配列・整理」から始めます。あるいは「図書館はきれいに整備されているが児童・生徒の利用が少ない」という場合は、「維持・管理」の蔵書の評価から始めるべきです。「古い本や過去の課題図書の複本が棚を占拠している」という場合なら、「除架・除籍」からとりかかるといいでしょう。

4-1　選択と収集

①選定主体

　発注作業は学校図書館司書がおこないますが、選書（メディア選択）は教師、司書教諭、学校司書を含めた選書委員会や選書会議を経て決定するのが理想です。選書会議をおこなうのが難しい場合は、発注リストを作成し担当するすべての教職員に目を通してもらえるような方法を考えてみましょう。

②選定基準、収集方針の策定

　学校図書館にはメディア選択の基準や方針が必要です。ない場合は、基準案策定に向けてはたらきかけることも必要になってきます。学校図書館司書や司書教諭の異動でメディア構築の方針が大幅に変わるということを避ける

図1　メディア構築イメージ

ためにも、学校としての方針を明文化しておくことが必要です。全国学校図書館協議会が図書などの選定基準[(7)]を作成しているので参考にするといいでしょう。

③選定頻度

　学校の規模や図書予算によりますが、平均的には学期に1回程度の納品がちょうどいいでしょう。学校行事などとも関連するので、学校の年間計画のなかで時期を見極めましょう。

④選定方法

　書店などのリストによる選定が一般的ですが、現物を見て選定できる機会があればぜひ取り入れてみたいところです。書店などのリスト以外に図書目録や書評、新刊情報なども確認して、さまざまな角度から選定しましょう。

4-2　メディア選択の注意点

①「読ませたい」本か「読みたい」本か

　公共図書館の選書の問題として、「価値論」と「供給論」とが長年議論されています[(8)]。学校図書館でも同様で、教師が読ませたい本なのか、児童や生徒が読みたがる本なのか、どちらを購入すべきなのかという問題があります。教師が読ませたいと考える名作であっても児童・生徒にとっては手を出しに

くいものもありますし、児童・生徒のリクエストを全面的に受け付けても収集のバランスが崩れます。選定基準に基づきながらバランスをとって収集することが司書教諭や学校司書の腕の見せどころなのではないでしょうか。

②検閲と自主規制

　1981年に愛知県の高等学校で、学校図書館の購入図書を学校長がチェックしたことが問題視されました。黒柳徹子の『窓ぎわのトットちゃん』は「芸能人が書いた本は（学校図書館に）ふさわしくない」という理由で購入されませんでした。学校図書館のメディア選択は選定基準に基づいておこなわれるべきで、決裁権限をもつ学校長であっても個人的な主義・主張を選定に反映させてはなりません。PTAも含めた学校内外から意見が寄せられることがありますが、「図書館の自由に関する宣言」に基づいて、自主規制や廃棄をおこなってはならないということを、メディア選択に関わる者は肝に銘じておいてほしいものです。

4-3　配列と整理

　NDC順にメディアを並べ、書架を常に整えておきます。図書館のメディアはルールに従って正しい位置に配架されていることで、必要なときに取り出すことができます。詳しくは後述します。

4-4　維持と管理

①メディア構成の評価

　文部科学省の学校図書館図書標準や全国学校図書館協議会の学校図書館メディア基準を使って、まずはメディア数やバランスを確認しましょう。次に、基本図書カタログなどを複数使って、必要なメディアを収集できているか確認してみましょう。分野ごとにリストと現物を照らし合わせてチェックしてみると、収集に偏りがある分野や極端に古いメディアばかりの分野があるかもしれません。

②メディアの補修

　フィルムコートすることで図書の傷みは軽減されますが、それでもやはり学校図書館の図書は利用頻度が高ければ高いほど傷みが激しいものです。図

写真4　図書の補修

書ののど割れやページの破れなどの簡易な修理方法を習得し、補修する必要があります。また、補修が可能かどうかで、メディア補充（購入）が必要になるかどうか決まりますので、選択収集にも影響します。

4-5　除架と除籍

書架を確認し、一定の期間を経た複本、汚損・破損したメディア、情報が

写真5　除籍した資料

古くなったメディアを抜き出します。地理の分野で国名が変わったとき、科学や歴史の分野では新たな知見や発見に伴い学説が変わったときなどには、情報の更新が必要になるからです。この作業を除架といいます。除架することによって書架が見違えるようになり、残したメディアが目立ち児童・生徒も手に取りやすくなります。除架したメディアを一定期間保管できるよう書庫があることが望ましいですが、ない場合は館内レイアウトを工夫して場所を確保しましょう。一定期間活用する機会がなければ除架したメディアを除籍します。除籍も選択収集と同様に基準が必要です。除籍した後に収集バランスを見て選択収集にとりかかりましょう。

5 学校図書館メディアの組織化

　最近は学校図書館も電算化が進んでいて、図書館システムを導入していることを前提として説明します。

5-1 目録

　目録は MARC（機械可読目録）として準備します。MARC を自館で作成する際は日本目録規則[13]（NCR）に従って作成し、NDC に基づいて分類記号を付与します。目録は書名、著者名などの書誌情報から検索によって目当てのメディアにたどり着くために必要なツールです。また、調べ学習などで検索する際は件名が特に重要で、児童・生徒が自分で目当てのメディアを探し当てる助けになります。各学年の教科書、単元との関連性がわかるような項目が入力されているとさらに使い勝手がいいと思います。

5-2 受け入れ、図書原簿の管理

　発注したメディアが届いたらまず検収し、落丁・乱丁のチェックなど現品の確認をします。装備付き納品の場合はラベルの請求記号もあわせて確認します。発注したメディアが届いたらまず検収し、落丁・乱丁のチェックなど現品の確認をします。装備付き納品の場合は、ラベルの請求記号もあわせて確認します。装備なしで納品される場合には、図書館名が印字されたバーコードシールと請求記号を印字したラベルを貼付します。いずれの場合もその後、図書館システム上で受け入れ登録をします。図書館システム導入後は蔵書印や蔵書登録印を省略することがきます。

　図書原簿は、図書館システム導入前は手書きで管理されていました。過去の原簿の管理が不十分な場合は、現物があるのに原簿に記載がない、原簿にあるのに現物がないという場合もあるでしょう。そういった場合は蔵書点検が必要になります。図書館システム導入前に受け入れたメディアの確認は、現物と原簿を突き合わせていくしかありません。除籍は原簿を整えてからおこないます。図書館システム導入後は手書き原簿は不要で、必要な場合はシステム上で図書原簿を出力することができます。

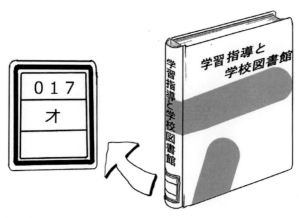

図2　背ラベル

図3　書架の配列

写真6　書架の見出し板

5-3　装備

　受け入れ作業のなかでラベル、バーコードシールを貼付していますので、受け入れ後は表面を保護するためのフィルムコートを貼り、配架ルールに合わせた色分けシールなどを必要に応じて貼付します。図書以外のメディアも図書にならって装備します。CD-ROM や地図などの付属資料の取り扱いにも一定のルールを定め、散逸させない工夫が必要です。

5-4　配列（配架）、書架レイアウト、サイン計画

　書架へは一連ごとに上段左から右へ、すぐ下の段の左から右へ向かって配列します。基本的には NDC に従って配列します。児童・生徒がいずれ公共図書館や大学図書館を使うことを考えて、小・中学校から NDC に親しんでおくことが望ましいでしょう。学校独自の配架は図書館のルールを学ぶという意味ではおすすめしませんが、レイアウト上どうしても NDC 順に配架で

きない場合は、サインによって補足します。

　効果的なサイン計画や、中長期のメディア構築計画に基づいた書架配置計画を立てて、学校図書館の整備に努めましょう。

注

(1)　文部科学省「学校図書館法の一部を改正する法律の公布について」（https://www.mext.go.jp/a_menu/shotou/dokusho/link/1360206.htm）［2020年2月15日アクセス］

(2)　「学校図書館法」（https://elaws.e-gov.go.jp/search/elawsSearch/elaws_search/lsg0500/detail?lawId=328AC1000000185）［2020年2月15日アクセス］

(3)　文部科学省「学校図書館司書教諭講習規定の一部を改正する省令について」（https://www.mext.go.jp/a_menu/shotou/dokusho/link/1327076.htm）［2020年2月15日アクセス］

(4)　一例として、東京学芸大学附属小金井小学校ウェブサイト「小学生のためのリンク」（〔www.u-gakugei.ac.jp/~kanesyo/08sclink/〕［2020年2月15日アクセス］）。

(5)　一例として、大分県教育委員会学校図書館活用推進事業「国語科を中心とした学校図書館活用年間計画（1～6年）（国東小学校）」（〔https://www.pref.oita.jp/uploaded/attachment/2001923.pdf〕［2020年2月15日アクセス］）。

(6)　日本図書館協会分類委員会編『日本十進分類法新訂10版』日本図書館協会、2014年

(7)　全国学校図書館協議会「全国学校図書館協議会図書選定基準」（http://www.j-sla.or.jp/material/kijun/post-34.html）［2020年2月11日アクセス］

(8)　安井一徳『図書館は本をどう選ぶか』（図書館の現場）、勁草書房、2006年

(9)　日本図書館協会図書館の自由に関する調査委員会編『学校図書館と図書館の自由』（「図書館と自由」第5集）、日本図書館協会、1983年

(10)　日本図書館協会「図書館の自由に関する宣言」（http://www.jla.or.jp/library/gudeline/tabid/232/Default.aspx）［2020年2月11日アクセス］

(11)　文部科学省「学校図書館図書標準」（http://www.mext.go.jp/a_menu/sports/dokusyo/hourei/cont_001/016.htm）［2020年2月11日アクセス］

(12)　全国学校図書館協議会「学校図書館メディア基準」（http://www.j-sla.or.jp/material/kijun/post-37.html）［2020年2月11日アクセス］

(13)　日本図書館協会「日本目録規則2018年版」（https://www.jla.or.jp/

committees/mokuroku/ncr2018/tabid/787/Default.aspx）［2020年2月15日 アクセス］

参考文献

笠原良郎／紺野順子『資料・情報を整備しよう──学校図書館メディアの選択と組織化』（「シリーズいま、学校図書館のやるべきこと」第2巻）、ポプラ社、2005年

高橋知尚『学校図書館メディアの選びかた』（はじめよう学校図書館）、全国学校図書館協議会、2012年

大平睦美『学校図書館をデザインする──メディアの分類と配置』（はじめよう学校図書館）、全国学校図書館協議会、2012年

全国学校図書館協議会監修『司書教諭・学校司書のための学校図書館必携──理論と実践』悠光堂、2015年

第10章 ICTを活用した授業

中川光治

1　メディアの変遷——アナログからデジタルへ

　デジタル化によって生活様式はどのように変化したでしょうか。ハードウエアに関していえば、映像を見るために、テレビ放送を見るためにテレビを購入します。録画するためにビデオデッキを購入します。今日ではビデオデッキがハードディスクレコーダーに変わっています。音楽は昔はラジカセやヘッドホンステレオ、ラジオ、テレビから流れてくるものを、録音し、それをまた自分でカセットテープに編集し、ヘッドホンステレオやカーステレオで聴いていました。ところが現在では、スマートフォン、タブレット、パソコンでダウンロードしています。聴きたい音楽は1曲200円くらいと安価でダウンロードし、イヤホンやヘッドフォンで聴くことができます。

　映像は、BS放送、CS放送があり、ハードディスクに録画したり、インターネット上からダウンロードして見たり、ダウンロードはしないでストリーミングで見たりしながら楽しむことができます。身近なのは、「YouTube」でしょう。「YouTube」コンテンツには無料のものと有料のものがありますが、ほとんどは無料で、音楽番組などテレビ放送、宣伝用に作られたものなど、音楽も映像も多岐にわたっています。

　次に本です。本に限らず印刷メディア、活字と言い換えてもいいでしょう。私たちは雑誌や新聞などから情報を得ます。それでさらに気になったら、書店で買ったり、公共図書館や学校図書館に行って本を借ります。最近は少なくなりましたが、貸本屋があればそういうところにも行きます。ところが、本もデジタル化され、電子書籍が登場しました。リーダーストア、「Amazon」や「Kindle」など、ウェブ上でログインして本を買うことがで

きます。また、「青空文庫」などで著作権フリーの文学、例えば夏目漱石などの作品を無料で読むことも可能です。

　学校ではデジタル教科書が導入されています。文部科学省はデジタル教科書を2020年までに配備する予定です。アナログからデジタルへ移行し、私たちの暮らしも変化してきました。

　先ほど述べた音楽や映像、本などはこれまで、それぞれに再生機が必要でした。しかし音楽を例にとると、いまはパソコンでもスマートフォンでも聴けます。テレビ放送を見ることも本を読むことも全部スマートフォンでできます。どこにいても、もう全部これで完結してしまいます。これは通信ができることに起因しています。電話もかけられるし、インターネットも見られます。回線がつながっているからこそ、さまざまな場所・情報にアクセス可能なのです。

2　学校とICTの活用

　では学校教育でのICTの導入というのは、具体的にはどのようなことなのでしょうか。要は紙も冊子体の教科書も使わずにデジタル端末だけ持っていればいいというのが、大きな発想です。

　それでは、ICTとは何か。日本では当初ITといっていました。ITのIはインフォメーション、Tはテクノロジー。インフォメーション・テクノロジー、いわゆる情報技術です。しかし、世界的には、C＝コミュニケーションを合わせて、インフォメーション・アンド・コミュニケーション・テクノロジー＝ICTといいます。このコミュニケーションというのが重要な要素だという考えのもと、2004年から日本でもこのICTという呼び方が定着しました。

3　デジタル教科書

　現在、デジタル教科書は大きく、指導者用と生徒用、授業する人用とそれを受ける人用の2種類に分かれています。指導者用はすでに現場でも使われ

ていますが、生徒用はまだ普及していません。指導者用のデジタル教科書の特徴は、例えば、一生懸命黒板にグラフを書いていたときには表現しにくかった数値ごとの変化を容易に生徒に見せられるようになったことです。動画やグラフのデータを入れておけば、簡単にどんどん出てきます。そういうグラフなどのコンテンツが入っていれば、先生はいちいち書かなくてもいいというのがデジタル教科書の大きな特徴です。

　例えば、中学の理科の授業で、実験をする前に実験の映像を見せます。先生の言葉に加えて、映像でも説明するのです。言葉というのは仮に3人が言っていると三者三様に受け取られることがありますが、画像・映像であればそこにいる人は比較的同じ理解が得られます。

　一方で、デジタル教科書と並行して、文科省では2020年までに小・中学校でタブレット端末を全生徒に持たせるという方針を出しています。

　デジタル教科書は「見通しと振り返りの学習の定着を図る」「児童の考える力を引き出す」「学習内容のつながりが実感できる」の3つが大きな要素だといわれています。

　見通しと振り返りに関わって、反転授業では、生徒が先に予習して、授業では主に先生に質問をします。そのあと、子どもたちは授業の動画ファイルを入れたタブレット端末を持って帰って自宅でその動画を見ます。学校ではその授業ビデオではわからなかった点を教え合いながら応用問題を解きます。つまり、授業とは疑問を解消する場なのです。デジタル教科書には動画やコンテンツがたくさん入っているので、できる生徒はどんどんやってしまいます。そして質問があふれます。もしくは、そこには載っていないものを調べてきた生徒が挑戦してきます。先生もそれに応えて、授業はよりハイレベルになります。

　ICT機器を使った授業をすると、ノートなどに書いたことが記録されて残ります。消しゴムで消したり、書き直したりしたものも全部残っています。それを解析して、さらに記録したログから指導方法を分析することで、先生はそれに合った指導方法を編み出すことができます。

　データは授業時に先生が生徒に一斉に配信します。生徒の手元の端末に情報を提供して、生徒はそれを見て書き込みます。生徒は、その端末とペン以外は何もいらないのですが、そこに書くと記録が残るというわけです。そして先生は、各生徒全部のノートを見ることができます。普段、先生は全員と

対峙しているので、なかなか生徒一人ひとりの状態まではわかりませんが、この方法ならば全員のノートを見ることができるので、先生は生徒の理解の状況をすぐに把握でき、効率が上がります。

　ICT機器を授業で使うために、まず準備しなくてはならないのがプロジェクター、指導者用パソコン、サーバー機、無線LAN、人数分の学習者用端末です。10人いれば10台、100人いれば100台必要です。40人学級だと12学級で480台。すでに導入している学校では、授業の基本の流れを大切にして、先生は、ログといわれる記録をプリントアウトして掲示板に貼って、自分が出した問題も印刷していました。

　ICT機器を使うことで授業の進め方は早くなりますが、1対30ではなくて、30人いても全部1対1でできることは大きな利点です。早く終わる生徒がいる一方で遅い生徒がいるなど理解や進捗に差があっても、生徒一人ひとりに応じたヒントを書くこともできます。

4　K市での実証実験

　K市の研究校（中学校）では、学習者用デジタル教科書を中学3年6学級のうち、3学級の生徒に1人1台ずつ配布しました。

　実証実験では、道徳の時間にこの効果が出たと報告されています。例えば「〇〇さんがいじめられています。あたなはどうしますか？」と話題にしたとき、1対1だと書きやすい。みんなの前では書けなかったことを打ち明けてきたそうです。従来どおり1対30でやっていると、先生からの一方通行になるので返事がきません。1対1で生徒が書いたことに対して先生が何らかの行動をする、生徒はメッセージを書くと、先生から報告がありました。ただ先生にとっては、授業中に端末で生徒と1対1でやりとりをするために授業スタイルも変わるし、スピードも変わります。いままでやってきた方法とは全く異なるといえます。

　また、デジタル教科書の学習ログがすべてサーバーに残るということは、K市の小学・中学の9年間の一貫教育では、どこの小学校や中学校に所属しても記録が残るということでもあります。そこで教育委員会では、この記録を活用して市内の児童・生徒の学習レベルを上げようとしています。

一方で、生徒はどう思っているのかについてもアンケート調査を実施しました。生徒はおおむねよかったと答えていますが、だからといってこれがなければ勉強ができないといっているわけでもない点は注目しなければならないでしょう。デジタル教科書を利用した授業は変化があって楽しいからついつい勉強しました、という生徒が多いのです。生徒は新しい機材を使うことには非常に興味があり、通常の授業よりも新しいかたちの授業に目が向いて、それが勉強の成績につながったというのが、この実証実験のいちばん大きな成果でした。

　これらが高じてデジタル教科書を使ったクラスのほうが、使わなかったクラスよりも成績が上がったということがいえます。

5　デジタル化と学校図書館

　デジタル化されたことによって、学校図書館も変化しています。

　無料のコンテンツも多くあるため、生徒は、塾ではICTで勉強して、学校でもデジタル教科書でICT機器を利用します。しかし、ハードウエアそのものが苦手な生徒もいます。また、そんなものは関係なく、勉強そのものが得意な生徒もいます。そういう生徒にとってはかえってICTは必要なく、デジタル教科書導入には不向きかもしれません。

　しかし、ある一定の教育基準を達成するうえでは機械を使うのがいいと考えられます。わが国では、どういう人を育てていくかと考えたときに、ICT機器を作って売っているわれわれと、その機器を使うユーザーがいて、その間に学校図書館や図書館があります。個々人に応じた本を紹介してあげるのと同じように、個人に合った仕組みやシステムを構築するあらゆるコンテンツを紹介できる枠組みづくりも学校図書館には必要だと思います。

［著者略歴］
田上恭史 (たがみ やすふみ)
1955年、京都府生まれ
京都市立小学校教諭、京都市教育委員会指導部学校指導課首席指導主事などを経て、現在、立命館大学産業社会学部子ども社会専攻初等教職課程支援担当嘱託講師
著書に『文学を楽しみながら』（フォーラム・A）、共著に『「新・はぐるま」の授業』（部落問題研究所）

戸塚恵美子 (とづか えみこ)
1954年生まれ
京都市教育委員会指導部学校指導課専門主事

槇川 亨 (まきがわ とおる)
1959年、島根県生まれ
環太平洋大学次世代教育学部教育経営学科特任教授
専門分野は国語科教育、学校図書館活用教育
共著に『司書教諭・学校司書のための学校図書館必携』（悠光堂）など

野口武悟 (のぐち たけのり)
1978年、栃木県生まれ
専修大学文学部ジャーナリズム学科教授
専門分野は図書館情報学・人文社会情報学（図書館学）
共編著に『図書館のアクセシビリティ』（樹村房）、『多様性と出会う学校図書館』『一人ひとりの読書を支える学校図書館』（ともに読書工房）など

正岡喜美 (まさおか よしみ)
1971年、大阪府生まれ
安来市立島田小学校教諭
共著に『学びを拓く授業モデル』（国土社）

石橋邦彦 (いしばし くにひこ)
1961年、島根県生まれ
美郷町立邑智小学校校長を経て、現在、江津市立高角小学校校長

長田由美 (おさだ ゆみ)
1966年、兵庫県生まれ
図書館流通センター勤務
日本図書館協会認定司書第1098号

中川光治 (なかがわ みつはる)
1957年、大阪府生まれ
ソニー販売（現ソニーマーケティング）を経て、現在は VAIO 勤務

［監修者略歴］
大串夏身（おおぐし なつみ）
1948年、東京都生まれ
昭和女子大学名誉教授
日本図書館情報学会、日本学校図書館学会などの会員
著書に『まちづくりと図書館』『図書館のこれまでとこれから』『調べるって楽しい！』『これか
らの図書館・増補版』（いずれも青弓社）、共著に『図書館概論』（学文社）など多数

［編著者略歴］
大平睦美（おおひら むつみ）
1965年、大阪府生まれ
京都産業大学文化学部国際文化学科教授、博士（人間科学）
著書に『学校図書館をデザインする』（全国学校図書館協議会）、共著『学校図書館への研究ア
プローチ』（勉誠出版）、*Global Action for School Libraries*、*Global Action on School Library
Education and Training*（ともに De Gruyter Saur）、共訳に『21世紀を生きる学習者のための活
動基準』（全国学校図書館協議会）など

学校図書館学 3

学習指導と学校図書館
（がくしゅうしどう）（がっこう と しょかん）

発行―――――2020年3月13日　第1刷
　　　　　　　2024年4月20日　第2刷

定価―――――1800円＋税

監修者―――――大串夏身

編著者―――――大平睦美

発行者―――――矢野未知生

発行所―――――株式会社青弓社
　　　　　　　〒162-0801 東京都新宿区山吹町337
　　　　　　　電話 03-3268-0381（代）
　　　　　　　http://www.seikyusha.co.jp

印刷所―――――大村紙業

製本所―――――大村紙業

©2020

ISBN978-4-7872-0057-0　C0300

小川三和子

読書の指導と学校図書館

学校図書館学 2

読書の推進と指導の必要性を改めて理解して、その実践のために学校図書館を
担う学校司書・司書教諭や各教科の担当教員と学校全体が、独自にまたは他の
図書館と連携して何ができるのか、具体的にレクチャーする。定価1800円＋税

渡邊重夫

学校経営と学校図書館

学校図書館学 1

司書教諭や学校司書など学校図書館を担う「人」の問題、子どもの学習と読書
を支える学校図書館の存在意義、敗戦直後から経済成長期を経て高度情報化し
た現在までの学校図書館機能の変遷をわかりやすく解説する。定価1800円＋税

小川三和子

学校図書館サービス論

読書センター・学習センター・情報センターとしての学校図書館の機能を生か
しながら、児童・生徒や教員の情報ニーズに対応し、読書の指導や授業を支援
する情報サービスをどう提供すればいいのかガイドする。　　定価1800円＋税

渡邊重夫

子どもの人権と学校図書館

学校図書館は「自分で考え、自分で判断する」権利を保障しながら子どもを育
成する教育装置である。子どもたちの人権と学習権、プライバシーを守りなが
ら成長をどのようにサポートするのか、を具体的に提言する。定価2000円＋税

高橋恵美子

学校司書という仕事

児童・生徒が学校図書館を利用して「自分で課題を見つけて、学び、考え、主
体的に判断して、問題を解決する力を育てる」ために学校司書ができること、
図書館サービスの意味を詳しく紹介し、仕事の重要性をガイド定価1600円＋税